"十四五"职业教育部委级规划教材

南方丝绸之路
非物质文化遗产概论

陈思琦 ◎ 主　编
李雨竹　李林蓉 ◎ 副主编

中国纺织出版社有限公司

内 容 提 要

本教材根据高职高专人才培养要求，采用项目式教学模式，对南方丝绸之路西线上的代表性非物质文化遗产进行了"一非遗一项目"式的概要性介绍。全书分为成都篇、雅安篇、凉山州篇、攀枝花篇、大理篇、保山篇、海外篇七个项目，每个项目分为案例导入、内容提要、非物质文化遗产项目介绍、拓展链接、实践训练五个部分。

本书可供高职高专院校非物质文化遗产专业、文化创意相关专业的学生学习使用，也可供非物质文化遗产爱好者阅读参考。

图书在版编目（CIP）数据

南方丝绸之路非物质文化遗产概论 / 陈思琦主编 .
-- 北京：中国纺织出版社有限公司，2021.11
"十四五"职业教育部委级规划教材
ISBN 978-7-5180-8826-3

Ⅰ.①南… Ⅱ.①陈… Ⅲ.①非物质文化遗产—中国—高等职业教育—教材 Ⅳ.① G122

中国版本图书馆 CIP 数据核字（2021）第 173659 号

责任编辑：张晓芳　　特约编辑：张林娜
责任校对：王蕙莹　　责任印制：王艳丽

中国纺织出版社有限公司出版发行
地址：北京市朝阳区百子湾东里A407号楼　邮政编码：100124
销售电话：010 — 67004422　传真：010 — 87155801
http://www.c-textilep.com
中国纺织出版社天猫旗舰店
官方微博http://weibo.com/2119887771
天津千鹤文化传播有限公司印刷　各地新华书店经销
2021年11月第1版第1次印刷
开本：787×1092　1/16　印张：7.5
字数：170千字　定价：68.00元

《南方丝绸之路非物质文化遗产概论》
编 委 会

主　编：陈思琦

副主编（按姓氏笔画排名）：李雨竹　李林蓉

编　者（按姓氏笔画排名）：李　佳　焦　健　薛　琴

手　绘（按姓氏笔画排名）：王艳丽　冷杉杉

前言

据史料记载，早在两千多年前，中国南方的一些地区，如四川省、云南省等，就开始了对外通商，把我国的丝绸经缅甸、印度等国家和地区，远销到欧洲。我们统称我国南方地区这些对外通商的通道为南方丝绸之路，它和西北丝绸之路、海上丝绸之路同为中国古代对外交通贸易和文化交流的主要通道。普遍意义上的南方丝绸之路分为东线的"夜郎道"、中线的"步头道"（又称"进桑道"），以及西线的"牦牛道"（历史上又称为"蜀身毒道"）。在这三条通道中，西线的"牦牛道"是历史文献记载的最早的中西交通线路。它连接起了中国西部与东南亚、南亚、西亚和欧洲，历史上在促进中国与沿线国家经贸发展和人文交流等方面发挥了巨大作用。这条线路从我国成都出发，途经邛崃、雅安、荥经、汉源、越西、喜德、西昌、德昌、攀枝花到达云南，从大理、保山进入缅甸密支那，再到印度，最远到达地中海沿岸的欧洲国家和地区。这条线路蜿蜒曲折、风光旖旎、文化积淀深厚，譬如中国境内的四川、云南两省，就是我国非物质文化遗产极为丰富的两个地区，截至2020年，两省共拥有国家级非物质文化遗产两百余项，并有省级、州级、市县级非物质文化遗产数千项。丰富多彩的非物质文化遗产折射记录和映照了这条几千年来形成的南方丝绸古道的文化变迁和历史兴替，也使得这条古道散发着别具一格的文化魅力。

此次出版"十四五"职业教育部委级规划教材《南方丝绸之路非物质文化遗产概论》，以南方丝绸之路西线我国四川省、云南省两个地区的非物质文化遗产为重点，将缅甸、印度两国最具代表性的非物质文化遗产一并编入其中，采用项目式教学模式，一个非遗项目作为一个教学项目进行编写，按照各部分非遗项目首字音序进行排列。教材共分为七个项目："成都篇""雅安篇""凉山州篇""攀枝花篇""大理篇""保山篇""海外篇"。为了帮助师生更好地使用教材，在每个项目均设计了"案例导入""内容提要""非物质文化遗产项目介绍""拓展链接""实践训练"五个部分。

本教材的特点归纳如下：

（1）新颖性。本书突破了其他非遗概论性教材强调概念和理论知识的导向型，选取南方丝绸之路西线上四川、云南境内及缅甸、印度共计84个具体非遗项目来实现项目式教学，将非遗概念性知识融入项目阐释中，融教、学、做为一体，强化了对学生素质与能力的培养，以支撑在整个教学过程中系统地体现适应职业教育和终身教育的教学方法。

（2）实用性。本书分为七个项目，选取每个地区最典型、最具代表性的非物质文化遗产，比如成都篇选择了17个非遗项目，大理篇选择了16个非遗项目，除了有图文并茂的基础性阐释，教材还提供了原创的案例、拓展阅读与实训素材，无论是教师实施教学还是自学，都实用且容易上手。

（3）操作性。本书通过图文并茂的方式对每个非遗项目知识点进行了详细的介绍，各项目中的实践训练又细分为"想一想""练一练"两部分，以辅助教学中的实训环节，将知识理解与实践演练相结合，在想中练、练中想，使非物质文化遗产项目在学习者头脑中更加鲜活。

（4）针对性。本书编写主要针对高职高专院校非物质文化遗产相关专业、文化创意类相关专业及非物质文化遗产爱好者学习。

本书由教材编写委员会成员共同编写完成，其中陈思琦负责拟定提纲、编写体例和样章，以及全书的统稿、审稿工作；李雨竹、李林蓉负责了主要项目内容撰写、编辑及修订工作；李佳、焦健、薛琴参与了部分项目内容及习题的撰写；王艳丽与冷杉杉负责了全书的手绘设计工作。

本书在编写过程中，得到来自四川非物质文化遗产协会专家委员会的指导和支持；在编写过程中，编委会还参考了大量的著作和文献资料，在此一并向各位学者、专家表示感谢。

由于水平有限，书中难免有疏漏和不足之处，敬请批评指正，以臻完善。谢谢！

编者
2021年6月

教学内容及课时安排

模块（课时）	课程性质（课时）	项目	课程内容
模块一 （38课时）	基础理论 （64课时）		• 四川地区非物质文化遗产
		一	成都篇
		二	雅安篇
		三	凉山州篇
		四	攀枝花篇
模块二 （24课时）			• 云南地区非物质文化遗产
		五	大理篇
		六	保山篇
模块三 （2课时）			• 海外区域非物质文化遗产
		七	海外篇

注：各院校可根据自身的教学特色和教学计划对课程时数进行调整。

目录

模块一
四川地区非物质文化遗产

项目一　成都篇

一、案例导入

公元前140年（建元元年）汉武帝刘彻即位，张骞任皇宫中的郎官。张骞受汉武帝委任先后两次出使西域。据《史记·大宛传》记载，张骞出使西域，"在大夏时，见邛竹杖、蜀布"。❶他由此认为西南有一条路可通往今天的印度和西亚，于是派王然于等使者到西南夷寻找这条古道，这条线路就是今天我们熟知的"南方丝绸之路"。

南方丝绸之路，在西汉时称为"蜀身毒道"，它起于"蜀"（今我国四川省成都市），止于"身毒"（现在的印度）。享有"天府之都"美誉的成都拥有两千三百多年建城史，历史悠久，文化底蕴深厚，是我国唯一一座城名未改、城址未迁的城市。富饶的成都平原，源远流长的人文传统和深厚的文化积淀，形成了成都特定的精神气质与文化认同，并开掘出一个丰饶、充满激情与活力的文化富矿。

今天，我们走进"蜀身毒道"的出发地——成都，一起看看"蜀锦""蜀绣""银花丝"这些巧夺天工的宫廷贡品，还有"郫县豆瓣""水井坊酒"这些代代相传的民间美味，更有"黄龙溪火龙灯舞""白马跳曹盖"这些历史悠久的宗教信仰传承。

二、内容提要

成都位于四川盆地西部，成都平原腹地，自古享有"天府之国"的美誉，是古蜀文明发祥地，中国十大古都之一。作为一座拥有近五千年文明史和两千多年建城史的历史文化名城，在漫长的历史发展中，"天府之国"造就了博大精深、独具地域特色的成都文明，留下了多姿多彩、源远流长的非物质文化遗产（以下简称非遗）文化。

---

❶　在西域的市面上发现了巴蜀所产的邛竹杖和蜀布。

成都拥有瑰丽多彩的非物质文化遗产。其中有闻名于世，被称为"蜀中瑰宝"的蜀绣工艺品和"天下母锦"之称的蜀锦；有起源于商周时期，以雕嵌填彩、拉刀针刻、隐花变涂等极富地域特色的修饰技艺而闻名于世的成都漆艺；有舌尖上的非遗——集民间工艺美术与美食于一体，吃在嘴里、甜在心里的成都糖画和麻辣鲜香、软和入味的夫妻肺片；有美丽动人、扣人心弦的传说，"愿得一心人，白头不相离"司马相如与卓文君的爱情故事及古蜀国传奇蜀王鱼凫的传说；有全球独有的非遗节庆，延续上千年历史的清明放水民俗活动——都江堰放水节；有融南北道教经韵之精华，具有浓郁川西地方风格的传统道乐——成都道教音乐；有极富地域历史文化特色、四川汉族地区说唱音乐的代表曲种——四川清音和典型蜀音雅韵代表性曲种之一的四川扬琴；有以耕牛为载体，赞颂农民与耕牛劳动生活乐趣的大邑牛儿灯；还有起源于两百多年前清代嘉庆末年的传统手工艺品——新繁棕编和反映本土民俗风情的民间舞蹈形式——夹关高跷……

成都，一座充满活力的文化名城，丰富的文化底蕴浸染了每个角落，传统的艺术和技艺随处可见。让我们一起走进成都非遗的世界，看看成都最具有地域特色的非遗项目吧！

三、非物质文化遗产项目介绍

1. 成都道教音乐

第二批国家级非物质文化遗产名录
申报县区及单位：成都市道教协会

四川成都道教音乐也称川西道教音乐，是指流传在四川成都辖区内道教名山、宫观和各区市县城镇、乡村中民间火居道士使用的音乐。该音乐历史悠久，其源头可追溯至一千八百多年以前东汉时出现的五斗米道斋醮科仪音乐。早期的道教科仪音乐深受巴蜀古代巫教祭祀礼乐的影响。经过历代道教乐人的传承，现已发展演变为融南北道教经韵之精华，汇名山道观古雅与民间道坛通俗之风，具有浓郁川西地方风格的传统道乐。

成都道教音乐内容丰富，曲目众多，常用于道教的早晚功课和斋醮科仪活动中。在一些早晚坛功课经音乐，一般由咏唱式、讽经腔、念咒腔和诵诰腔构成基本框架。

斋醮科仪音乐则由乐师的唱诵和经师的伴奏组成，传承分为教团传承和师徒传承。成都各宫观使用的常用韵曲，乐谱为当请谱和工尺谱，全凭道士口授心传的感悟。

四川成都道教音乐仍然保持以往形成的静坛和行坛两大流派格局。其中，静坛派又称静居派，即全真道派。其道徒称为静坛派道士、静居道士、出家道士和住观道士。他们平时头上挽髻，身穿道服，不结婚，不茹荤腥，住在相对幽静的道观，过着集体且又安闲的宗教生活。该派使用的音乐属于全真道音乐系统，唱诵的经韵以属于十方韵的"北韵"为主，演奏的曲牌以细乐为主，掌握的音乐多数为声乐曲，较少是器乐曲，音乐风格古朴、淡雅，宗教气氛浓厚，具有明显的道观色彩。

1979年，几位著名的高功和经师，如江至霖、刘理钊等，承担起培养下一代道教科仪音乐人才的重任，道教音乐于是得到恢复并逐步发展。2003年，青城山仙乐团和青羊宫道乐团相继成立，乐团成员共45人，已整理有60余支曲牌（图1-1）。

图1-1　成都道教音乐演奏

2. 成都漆艺

第一批国家级非物质文化遗产名录

申报县区及单位：成都漆器工艺厂有限责任公司

成都漆艺起源于三千多年前的商周时期，是中国最早的漆艺之一。蜀地空气潮湿，气候温和，森林资源丰富，利于漆树的生长。自古以来，巴蜀就是漆的主要产地。除此以外，盛产的漆、麻、金、银、铜等天然美材和气候为漆艺的生产、发展创造了极为丰富的物质条件和有利的气候条件。早在汉代，蜀郡、广汉郡已是全国漆器生产中心，而长沙马王堆、朝鲜平壤王盱墓、古乐浪郡等地先后出土的汉代精美漆器，都刊有"成市草""成都饱""蜀都作牢""蜀都西工""成都郡工官"等铭文，它们都是当时成都漆艺鼎盛辉煌的佐证。

2006年"成都漆艺"被国务院命名为首批国家级非物质文化遗产项目，成都漆艺完整地保留了古老的传统技艺方式，以实木、大漆、矿物质原料、金银等贵金属为主要生产材料，形成制漆—制胎—底灰—髹漆—装饰—打磨—推光几大工艺，经几十至上百遍工序完成（图1-2）。

图1-2　成都漆器

3. 成都糖画

第二批国家级非物质文化遗产名录

申报县区及单位：成都市锦江区文化馆

成都糖画，四川民间曾称其为倒糖饼儿、糖粑粑儿，是用溶化的糖汁作画的一种手工技艺，主要流传于四川省成都市及周边地区，是一种既能品尝又能观赏的传统工艺品。据考证，糖画是在明代"糖丞相"制作技艺基础上演化而来的。据史书记载：在明代，每当新年祭祖时，官宦大户人家往往用模具印制糖狮、糖虎和文臣武将等形象用以祭祀，后来该技艺传入民间，逐渐演化为糖画。民间艺人在"糖丞相"基础上改进工艺，汲取传统皮影的制作特征及雕刻技法，不用印铸模具，而改为直接浇绘的方法。从此，一门独特的民间艺术"倒糖影"就诞生了。到了清代，糖画之风更加流行，制作技艺日趋精妙，题材也更加广泛，多为龙、凤、鱼、猴等普通大众喜闻乐见的吉祥图案。

2008年，成都糖画入选我国第二批国家级非物质文化遗产保护名录。糖画是一种蕴含了历史、美术、地方风俗、蔗糖工艺等元素的技艺。制作糖画时，要将制好的糖置于铜瓢内加热溶化，然后以铜勺为笔，以糖液作墨，在光洁的大理石板上，凭自己的技艺画出飞禽走兽、花鸟虫鱼、神话人物等形象。待新鲜的糖画凝固后，艺人用一根竹签把一件件作品黏合提拿起来就完成了，既可观赏又可食用。糖画制作有五大要素：一是要画得形象，二是线条要匀称，三是速度要快，四是要一气呵成，五是画完要掌握好取画的时间。糖画分为"大货""子货""丝丝货"和"小货"等。大货是指体型较大构图复杂的作品，诸如龙凤、孔雀、狮虎、花篮、金鱼等，而小货是指体型偏小工艺简单的作品，如单个的虫、鸟、水果等。子货，即直接倾倒的一个个圆形糖饼儿，这种技艺要求艺人手腕灵活，动作利索，倾倒过程中直接形成一个个状如纽扣的小圆饼，中间绝不拖泥带水，最能体现糖画艺人的基本功。丝丝货，是以糖液所形成的缠绵的线条来构图，类似于国画中的白描和西洋画中的速写，又有中国民间剪纸的神奇韵味，形象生动（图1-3）。

图1-3　成都糖画制作

4. 都江堰放水节

第一批国家级非物质文化遗产名录

申报县区及单位：成都市都江堰市文化体育和旅游局

延续两千多年的都江堰清明放水节（古代又称"开水节"），源于四千年前对江神的信仰和两千多年前对江水的祭祀。据1974年在都江堰渠首出土的李冰石刻像的铭文考证，至少在汉建宁元年（公元168年），都江堰市民间就改祭祀江神和江水为祭祀李冰的春秋祭祀活动，形成辐射整个四川盆地的岁时节令民俗都江堰清明放水节。

都江堰清明放水节是世界文化遗产都江堰水利工程所在地都江堰市的传统民俗文化。历史上，每年农历的清明节在都江堰都要举行隆重的放水大典，以预祝当年农业丰收，这是川西平原源远流长的传统习俗。届时，地方官员要亲自主持放水仪式，举行盛大的庆典活动。放水节初始于"祀水"。那是因为都江堰修筑以前，沿江两岸水患无常，人们饱受水患之苦，为了祈求"水神"的保护，经常沿江"祀水"。都江堰修筑成功后，成都平原从此水旱从人，不知饥馑，后人为了纪念伟大的李冰父子，将以前的"祀水"改为"祀李冰"。当地群众也自发地组织到二王庙祭祀李冰父子，举办二王庙庙会，又称清明会。

每到冬天枯水季节，人们在渠首用特有的"杩槎截流法"筑成临时围堰，维修内江时，拦水入外江；维修外江时，拦水入内江。清明节内江灌溉区需水春灌，便在渠首举行隆重仪式，撤除拦河杩槎，放水入灌渠，这个仪式叫"开水"。唐朝清明节在岷江岸边举行的"春秋设牛戏"，就是最早的"放水节"。公元978年，北宋政府正式将清明节这一天定为放水节。

都江堰清明放水节再现了成都平原农耕文化漫长的历史发展过程和民俗风情，体现了中华民族崇尚先贤、崇德报恩的优秀品质，具有弘扬传统文化的现实意义。如今，都江堰终年均可放水。但清明节放水的旧制仍是川西人民值得纪念的节日。作为一种古老的民俗文化传统和富有巴蜀特色的旅游观光项目，放水节砍杩槎活动仍每年如期举行。

国家非常重视非物质文化遗产的保护，2006年5月20日，该民俗经国务院批准列入第一批国家级非物质文化遗产名录（图1-4）。

图1-4　都江堰放水节

5. 夫妻肺片制作技艺

四川省第一批省级非物质文化遗产名录
申报县区及单位：四川省成都市饮食公司

清代末年，成都市井中出现了许多提篮出售肺片的小贩。有的小贩端个瓦钵，卖凉拌"肺片"（牛杂碎边角料），或将瓦钵放在长板凳一端，在其周围插很多双筷子，顾客吃一片用小铜钱记一次，为平民小吃，但极不卫生。这时的"肺片"确实有牛肺。后来，因牛肺颜色难看，口感很差，所以经营者就取消了牛肺，成为无肺的"肺片"。由于名声很大，人们叫得久了，就沿用其叫法，无非是约定俗成罢了。成都卖肺片的小贩多为流动性出售，其价廉物美，拥有众多消费者。食者众，售者多，最有名者莫过"夫妻肺片"了。

住在成都少城地带的郭朝华、张田正夫妻二人走街串巷出售"肺片"。不管白天夜晚，也不管吹风下雨，夫妻二人紧紧相随。他俩买回来做肺片的原料，清洗得干干净净，精选材料，制作也很精细，使人看见就产生好感。再用上好的调料，准确调味，拌出的肺片确实好吃，很有风味，深受欢迎。久而久之，人们为区别于其他人出售的肺片，取名为"夫妻肺片"。后来，郭氏夫妻赚了钱，遂在成都半边桥街（现人民公园后门右侧）一个单间铺面设店出售，店名正式命名为"夫妻肺片"。后几经变迁，迁至闹市区的提督西街，扩大了经营面积，增加了牛肉面等食品，食者不光是品尝肺片，还可以有面食充饥，夫妻肺片成为一家中型的小吃店。开业以来，夫妻肺片店从开门至关门，每天顾客如云，经常排起长队，等候购买肺片和家人共享口福。

夫妻肺片店的厨师遵循师训，严格制作，如牛杂根据肚、心、舌等各自特点掌握加热时间，达到火候一致；卤熟的原料采取复制特别是加以精制的陈年卤水调味，成品始终保持颜色红亮、软和入味、麻辣鲜香、细嫩化渣的特点。夫妻肺片成为成都市有口皆碑的著名食品。现在，夫妻肺片不仅为一种小吃而行市，而且常用作高级筵席的冷碟，受到中外客人的欣赏和赞扬。而夫妻肺片店也扩大经营规模，增加品种，成为成都市一家名店。夫妻肺片是成都众多名小吃中的佼佼者（图1-5）。

图1-5 夫妻肺片

6. 夹关高跷

四川省第三批省级非物质文化遗产名录
申报县区及单位：成都市邛崃市群众艺术馆

高跷起源于春秋时代，汉魏六朝称为"跷技"，宋代叫"踏桥"，逐步演变，清代称为"高跷"（又叫高脚灯）。《邛崃县志》记载：夹关高跷表演在清康熙年间，由于佛教盛行，庙宇广兴，出现在高竿会、平台会、挂生灯（许愿）等民俗活动中，多以鬼神形象出现。以后逐渐演化，到了1920年，夹关兴办了"三月二十八"庙会，每年此时为会期，是时春耕已备的农民经常合家出动，成群结队赶会，在酬神会上又出现了"高跷灯"，表演高跷打金斗、翻五台山、爬高竿、在高跷上唱戏等，成为迎神赛会上不可缺少的内容。

据传说，高跷灯还可以作赶妖除魔，求天降雨，保一方大吉之用。在当今的表演中，主要是丰富和活跃群众的文化生活，通过革新，表演是以口哨吹"一、二、一"及秧歌节奏为表演步伐。高跷因肢脚较高，表演难度大，在表演时要穿着较重的戏剧服装，手里拿着较重的演出道具，还要随着锣鼓、口哨及秧歌步伐的节奏表演，动作要协调，步伐要一致，是较难的一种表演艺术。

在漫长的岁月里，夹关高跷形成了独特的地方风格，作为反映本土的民俗风情和乡土文化的民间舞蹈形式，1998年夹关镇被命名为四川省特色文化之乡——高跷之乡（图1-6）。

图1-6　夹关高跷

7. 牛儿灯

四川省第三批省级非物质文化遗产名录

申报县区及单位：成都市大邑县文化馆

新场乡志［1810年（嘉庆年间）编撰］记载：新场镇的潘茂山老艺人（已故）因被冤枉坐牢，在牢狱中学会了玩牛儿灯。第二年腊月下旬，潘茂山出狱返家，生活无以为继，约友人周平山创办牛儿灯。同年，牛儿灯先于其他乡镇在新场镇兴起，之后周平山将牛儿灯传教于其子周泽云（已故）。由此，每年春节，周家牛儿灯就在新场镇和邻乡耍开了。

"牛儿灯"是农民秋冬农闲时节，以塑造耕牛形象为娱乐的一种活动。通过舞耍牛灯赞颂农民与牛的劳动生活乐趣。舞耍牛灯的人，一人扮使牛匠，戴斗笠，身披蓑衣，脚穿草鞋，背着牛草；一人扮赶牛幺妹，牵牛，持牛鞭。两人扮耕牛，把制作好的牛头顶在头上，双手把道具篾撮口封好，身子前躬90度角，耍牛尾的人也前躬90度角，藏于道具下，扶住前人的腰。边舞边唱，唱腔唱词为地方山歌一类。

牛儿灯以耕牛为载体，集造型、伴奏、伴唱、舞蹈为一体，载歌载舞，优美诙谐，地方特色浓郁，是川西民间舞蹈不可多得的原生态素材。牛儿灯作为当地群众的一种自娱自乐形式，其气氛喜悦吉祥，提醒人们不忘农耕文化，对于弘扬优秀传统道德，建设和谐社会有积极意义（图1-7）。

图1-7　牛儿灯

8. 人日游草堂

四川省第三批省级非物质文化遗产名录
申报县区及单位：成都杜甫草堂博物馆

"人日"（农历正月初七）又称"人胜节"，是全国性节日，我国的民俗活动之一。其历史悠久，在西汉时期已经形成，南北朝时期最盛，隋唐至宋已成春正大节，明清以来不断传承发展，辛亥革命后呈渐衰趋势。直到1992年，成都杜甫草堂博物馆为弘扬民族优秀传统文化，首倡恢复"人日游草堂"的活动。"人日"这天，人们要吃七菜羹、游草堂、拜杜甫、吟杜诗、赏梅花、祈福新年。

"人日游草堂"是成都独特民俗活动之一，其兴起于唐，迄今已有一千多年的历史。最初主要是成都市各界文人雅士的文化生活内容之一，后此风气逐渐影响广大普通百姓。随着时间的推移，活动内容不断丰富。现在，每年的"人日"期间（农历正月初一到初七），杜甫草堂都要举办丰富多彩的活动，在继承传统的基础上，还举办书画展、盆景展、梅花展，组织诗歌大赛、书法绘画赛、灯谜游戏等，近年来还增加了登万佛楼敲钟祈福、成都故事·百家谈、草堂赛诗会、施放河灯祈福、锦城唐风管弦乐演奏、唐代乐舞等活动，市民和游客不但可以在草堂感受到高品位的文化艺术氛围，同时也可以参与其中的活动，亲身感受节日的喜悦（图1-8）。

图1-8　草堂

9. 蜀锦

第一批国家级非物质文化遗产名录

申报县区及单位：成都蜀锦织绣有限责任公司

蜀锦，起源于春秋战国，兴盛于汉唐，距今已有两千多年历史。专指以桑蚕丝为主要原料生产的具有地方风格（原古蜀郡现成都地区）的提花锦类丝织物。蜀锦常以多重彩经或彩纬起花，分为"经锦和纬锦"两大类。经锦工艺是蜀锦独有的。汉唐以前的蜀锦都是经锦，汉唐以后开始有纬锦。成都锦江赋予蜀锦染色得天独厚的条件，经草木媒染的绸或丝在江中洗濯，色泽更加鲜艳，色牢度更好。

蜀锦纹样以花鸟卷草、瑞兽祥禽、云纹地域、人文景观为题材，受道教文化影响颇大，其图案构成有方形、条形、几何形纹及对称、连珠、团窠、四方连续等形式循环，装饰严谨、活泼新颖、奇异，形成多彩色丝显花的经锦与纬锦，也有经丝彩条起花、彩条添花，经纬都起花，既保持地方传统风格，又具有时代特色和生活气息。传统蜀锦以"赤、黄、青、白、黑"五方正色为主色调，红、绿、蓝、紫为间色，应用"晕裥炫色"的技艺，似晕似云，变化莫测，形成了蜀锦特有的风格。蜀锦织造技艺独特繁复，要完成一件蜀锦作品，需要经历纹样设计、定稿、点意匠、挑花结本、装机、织造等几个主要步骤。蜀锦的品种繁多，传统品种有雨丝锦、方方锦、铺地锦、散花锦、浣花锦、民族锦、彩晕锦等（图1-9）。

图1-9　蜀锦

10. 蜀绣

第一批国家级非物质文化遗产名录
申报县区及单位：成都市非物质文化遗产保护中心

《说文解字》释"蜀"字说："蜀，葵中蚕也，从虫，上目象蜀头形，中象其身蜎蜎。"蜀国之所以得名为"蜀"，与蚕桑有很大的关系。蚕丛以蚕桑兴邦，领导古蜀人在成都平原栽桑养蚕，建立了国家，使这个原来以牧业为生的游牧民族的大部分人定居下来，跨入了农耕时代。尤其是经过开明治水和李冰创建都江堰，成都平原成为"天府之国"，农耕文化非常发达，为蚕桑丝绸的大发展奠定了良好的基础。

蜀绣主要指以四川成都为中心的川西平原一带的刺绣。蜀绣早在晋代就被称为"蜀中之宝"而闻名于世。蜀绣以"色彩鲜艳、形象生动富有立体感"的图案著称。一千多年来，蜀绣逐步形成针法严谨、片线光亮、针脚平齐、色彩明快等特点。蜀绣的针法有十二大类，一百二十二种。常用的针法有晕针、铺针、滚针、截针、掺针、沙针、盖针等。蜀绣常用晕针来表现绣物的质感，体现绣物的光、色、形，把绣物绣得惟妙惟肖，如鲤鱼的灵动、熊猫的憨态、山川的壮丽、花鸟的多姿等（图1-1）。蜀绣的代表作为"芙蓉鲤鱼"和"大熊猫"。

图1-10　蜀绣

11. 四川清音

第二批国家级非物质文化遗产名录

申报县区及单位：成都艺术剧院

四川清音形成于明末清初。康熙、雍正、乾隆年间（1662~1795年），朝廷有计划地向四川大量移民，各地移民带来的乡音小曲被四川唱曲艺人吸收，丰富了四川清音的唱腔和表演。四川清音吸收各地唱曲并与本地方言相融合，至道光年间已发展得比较成熟。乾隆、嘉庆年间（1736~1820年），随着商贸活动日趋频繁，长江中、下游一带的唱曲艺人随商船溯江入川行艺，使沿江商埠如万县、重庆、泸州等地唱曲卖艺甚为流行，促进了四川清音的发展。从四川清音曲牌中，可以看到它与省外许多地方的民歌小调的血缘关系。至此，四川清音已基本定型的唱腔可分为"大调"和"小调"。"大调"即"勾调""马头调""寄生调""荡调""背工调""越（月）调""反西皮调""摊簧调"，艺人习惯称之为"八大调"。唱腔结构有曲牌体（含联曲体、单曲体）和板腔体，共有两百余支曲牌。四川清音分布于四川汉族地区，曾称"唱小曲"，因演唱时多用月琴或琵琶伴奏，又叫"唱月琴""唱琵琶"。四川清音是唱的曲种，由一位演唱者一手执檀板一手击节站立演唱，琴师或小乐队伴奏，有时兼作帮腔。

从现存的四川清音曲目中，我们可以了解到巴蜀的风土民情、历史事件和风云人物。清音艺人常年奔走于城市乡镇或在茶楼设台演唱，或应邀去公馆出堂会，或到旅店为客人演唱。演唱的传统代表曲目有：《尼姑下山》《悲秋》《昭君出塞》《关王庙》《断桥》《思凡》《忆我郎》《绣荷包》《活捉三郎》《青冈叶》《小放风筝》等。四川清音还与四川扬琴和川剧相互影响，在吸纳融合了其他艺术精华后，最终成为具有浓厚地方色彩的曲艺品种（图1-11）。

图1-11　四川清音演唱

12. 四川扬琴

第二批国家级非物质文化遗产名录

申报县区及单位：四川省曲艺团、成都艺术剧院、四川省音乐舞蹈研究所

四川扬琴又称四川琴书，因其主要伴奏乐器为扬琴而得名。它来自四川民间，具有鲜明地域历史文化特色，是典型的蜀音雅韵代表性曲种之一。清代乾隆年间（1736—1795年）已见有扬琴伴奏的说唱表演，到嘉庆年间（1796—1820年）才由多人分行当演唱，用荷叶（一面苏镲）击节伴奏，以渔鼓和檀板击拍，称为"清唱扬琴"或"扬琴清唱"，俗称"渔鼓扬琴"。道光年间（1821—1850年），艺人谢海楼首先将渔鼓改为盆鼓，俗称"大鼓扬琴"。到光绪年间（1875—1908年），艺人谢兆松又将扬琴的梯形桥改为锥堞形，使上弦方便。

四川扬琴一般由五个演员（即行话"五方人"）分为生、旦、净、末、丑等行当演唱，每人兼操一种乐器伴奏。演出时一般以坐唱为主，也可站立表演。扬琴表演形式有说有唱。唱腔分省调和州调。省调指成都地区的四川扬琴唱腔，分"大调"和"月（或越）调"。大调是板腔体，有"一字""快一字""二流""三板"等板式；月调是曲牌体，有"月头""叠断桥"等曲牌近二十支。州调指成都以外地区的四川扬琴唱腔，属板腔体，有"清板""二流""三板"等板式。传统曲目有《将军令》《华容道》《闯宫》《醉酒》《秋江》《船会》《渔父辞剑》《哭桃园》《三国志》系列以及《碧莲夜深》《仕林祭塔》等（图1-12）。

图1-12　四川扬琴

13. 西岭山歌

第四批国家级非物质文化遗产名录
申报县区及单位：成都市大邑县文化馆

山歌，是山魂之音，也是山民的心声。数百年来，西岭山民往往以唱山歌为乐事。他们在春种秋收中，在守玉米防兽害的高脚棚中，在撕玉米的深更半夜，在烧碱、挖药、伐木等下苦力的劳作中，用山歌提神，用山歌传达情感，抒发旷达、乐观、坚韧、顽强、诚信、幽默、机智的坦荡情怀。由于西岭历史上曾为汉、藏、羌等民族杂居之地，西岭山歌的旋律、色彩、调式也包含了汉、藏、羌民歌的一些元素，色彩鲜明，音域较宽，调子高亢，唱法自由空间较大，旋律较为特殊，山味、野味和民族风味颇浓。

西岭山歌大致可分为：劳动、爱情、劝化（包括讽喻）、洒歌、祭祀、喜庆等。其唱式有独唱、领唱、和唱、对唱等，尤以独唱居多。词意富于比兴，乐句结构完整，音乐形象集中，其诙谐逗趣，令人开心愉悦。劳动类：唱和春种、秋收、挖药、烧碱、伐木、狩猎、放牧等。爱情类：咏唱恋爱、欢情、求婚、夫妻情、反抗封建婚姻等。劝化类：警世、劝人求真务实、坚韧勤劳、惩恶扬善等。洒歌类：以横山洒歌为著。喜庆类：多用于红白喜事、节日时日。祭祀类：丧葬、祭祖、扫墓（此类歌词较少）。

西岭山歌歌词诙谐逗趣、粗放野性、颇具刺激性、张力和感染力，耐人寻味。音调高亢、原始、古朴、空灵，实属原汁原味原生态。旋律流畅，节奏平稳，曲调可随词段多少而反复演唱。唱山歌不受时间、空间局限，颇具群众性和广泛性，既可自娱自乐，又可参与众演唱及庆典活动。曲调明快，节奏轻松鲜明。山歌讲究真情实感，其反映山民勤劳、朴实、不畏艰辛追求真善美行美德，山歌的情真意挚和表达高洁情愫，正好对今人寓教于唱，寓教于乐提供内容和形式。西岭山歌自有人烟以来，在群众生产、生活、劳动中就存在，是文化大餐中的原汁原味的民歌（图1-13）。

图1-13 唱西岭山歌

14. 新繁棕编

第三批国家级非物质文化遗产名录
申报县区及单位：成都市新都区文化馆

新繁棕编是中国民间传统手工艺品之一，起源于清代嘉庆末年，至今已有两百多年的历史。据文献记载，清代嘉庆末年新繁妇女即有"析嫩棕叶为丝，编织凉鞋"的传统。棕编是新繁农村妇女们在农闲时节增加收入的一种副业。在经济不发达的时期，新繁许多农户都靠棕编维持生活，20世纪30年代，新繁地区甚至出现了女子不会棕编，出嫁都十分困难的情形。新繁棕编选材优良、季节性强，原料主要采用都江堰市（原灌县）、彭州市（原彭县）、大邑县、邛崃市等山区的嫩棕叶。每年四月，是艺人们采集嫩棕叶的最佳时节。用排针将叶划割成细棕丝，搓成棕绳，经硫黄熏蒸、晾晒、浸泡等工序，制成洁白、柔软的材料备用，或将部分棕丝染色备用，可作棕编制品的特殊装饰。编织方法有胡椒眼、密编、人字编等三种。棕编的提包多用胡椒眼技法，即将等距排列的经线相交叉成为菱形，再用两根纬线穿于菱形四角。鞋、扇类产品采用密编法。帽、席等多用人字纹。用木、纸、泥模型编制的包等产品，其上织饰花鸟兽等图案。用白净的素色棕丝编制的器物像绸绢般华美，有的用彩色棕丝以挑花、提花、织花等技法织成彩色装饰图案。

制作过程中的产品造型均使用模型，模型可用木制、泥塑。主要品种为抱鞋、凉帽、椅垫、提包、凉扇、围棋盒、玩具等生活用品，以及飞禽走兽、花鸟虫鱼、戏剧人物等工艺品两类。其特点是比一般草编工艺品坚实耐磨，质地柔韧，体积轻便，造型优美，色泽明快，制作精巧（图1-14）。

图1-14　新繁棕编

15. 鱼凫传说

成都市第六批市级非物质文化遗产名录
申报县区及单位：成都市温江区文化馆

传说四千多年前，一个崇拜鱼的部落和一个崇拜凫的部落结为部落联盟，迁徙到成都平原，经过征战建立了辉煌的古蜀鱼凫王国。这是个以农耕为主、狩猎和渔业为辅的奴隶制国家。它拥有与中原地区相媲美的青铜工艺和堆积如山的财富。据史料记载和考古印证，温江正是鱼凫王国的发祥地。鱼凫王及鱼凫王妃墓都在其境内，鱼凫村遗址更是被列为1996年全国十大考古发现，2001年该遗址被列为国家级重点文物保护单位。鱼凫的传说故事很多，如"鱼凫架桥""鱼凫王大战饮马河"等，饮马河、鱼凫桥等河流、地名至今尚存。

"大战饮马河"故事梗概如下：鱼凫王在温江建都以后，为了扩大疆域，带领一些人到湔山去种他未下山前开垦过的土地。这时，川西坝上出现了另外一支人马，为首的叫獠仡子，勇猛剽悍，他趁鱼凫王不在国中，攻占了鱼凫城。鱼凫城北面有一条河，鱼凫王时常到河边放马饮水，大家都叫它饮马河。鱼凫王得到獠仡子攻占鱼凫城的消息后，立即率领人马赶回国来。到饮马河边，鱼凫王命令他手下兵卒装成老百姓，晚上在河边烧香点蜡，大声呼喊："鱼凫王呀鱼凫王，你快点回来吧，獠仡子的人马都打过来了！"獠仡子听到呼声，以为鱼凫王没有回来，就带领人马连夜渡河，想再占领饮马河北岸土地。一半人马刚刚渡河，鱼凫王的队伍突然从河边冒了出来。鱼凫王一声令下，杀得獠仡子人仰马翻。獠仡子打了败仗，只得收拾残兵败将，朝南边逃跑了。鱼凫王这一仗大获全胜，非常高兴，回到鱼凫城后，立即下令奖赏：官兵酒宴三日，战马放饮三天（图1-15）。

图1-15　鱼凫传说出土文物画像

16. 竹麻号子

第二批国家级非物质文化遗产名录
申报县区及单位：成都市邛崃市群众艺术馆

早在宋朝时期，平乐便以造纸业享誉海内外。《邛州志》犹有"成都草纸半平乐"一说，这就是说当时成都一半的草纸都是产于平乐，这一切成绩都归属于平乐辛勤劳动的造纸工人。而"竹麻号子"就是造纸工人在劳动时喊的一种劳动号子，时世流行，代代相传，距今已有上千年历史。竹麻号子主要流传在川西一带，尤以平乐同乐村的芦沟、金华村的金鸡沟、金河村的杨湾、花楸村广为盛传。

手工造纸一般要有二十人，在劳作过程中他们需要相互配合才能完成整个程序。当工人们在感到疲乏或劳累时，就会哼唱竹麻号子，一旦有人起唱，其他工人就会随号子音调跟着唱，这时整个造纸作坊就会响起嘹亮的竹麻号子。在繁重的劳动中，钩子手手执长钉耙，将需要打的竹麻交给工人打，同时唱号子，一领众和，以此来鼓舞干劲、统一节奏、抒发感情、消除疲劳。速度由慢到快，接近收工时，情绪达到高潮，非常热烈。在平乐千年造纸历史中，竹麻号子的唱调基本没有变，但唱词已变，其内容随社会政治经济状况和生产生活方式的变化而变化。竹麻号子唱腔原始、质朴，所有曲调包括高腔、平腔、连环扣、银丝调、扯麻花等。它的唱词内容丰富，乐段长短不一，随意性和伸缩性较强，常用"嗦咿哝""喂""哟嗬"等衬词，其中以传统的"数十二月"式最为典型。

后来，随着社会经济的发展，手工造纸逐渐被机器造纸代替，到20世纪80年代，平乐手工造纸业亦已停止，但是竹麻号子作为一种民间音乐形式并没有停止，而是流传至今（图1-16）。

图1-16　竹麻号子

17. 卓文君与司马相如的故事

四川省第二批省级非物质文化遗产名录

申报县区及单位：成都市邛崃市群众艺术馆

卓文君与司马相如的故事，已有两千一百多年的历史，是中国古代经典爱情故事。最早载于《史记》《汉书》，后成为历代诗词歌赋传颂的文学题材。

西汉时，蜀郡临邛有个才女，叫卓文君，貌美而聪慧，擅长诗画、音律。他的父亲卓王孙是当地首富。但卓文君受礼制约束，整天郁郁寡欢，常在月下抚琴，排遣心中的幽怨。司马相如，成都人，善辞赋，曾在京城入仕，游于梁，作《子虚赋》，名闻海内。回乡时，家贫无业，他的好友临邛县令王吉邀请他到临邛舍都亭。一天，卓王孙在家中设酒宴，邀请相如参加。席间酒酣之时，王吉请相如进琴，相如弹奏了一曲《凤求凰》表明对文君的爱慕之情。琴声婉转而深情，文君隔帘倾听，以心相许，便派仕女传信，互表爱慕之情。卓文君决定冲破礼教樊笼，去争取幸福和自由。一天夜里，与司马相如奔向成都，结成伴侣。卓王孙闻知女儿私奔，暴跳如雷，大骂女儿不守礼教，在经济上不给予其夫妻二人任何支持。文君与相如在成都，家徒四壁，无以为生，便又返回临邛，变卖车马，开了一家酒店。佳人才子肆中卖酒，立时轰动了全城。卓王孙非常生气，闭不出门，亲友一再相劝，要他看重相如才气，他才渐消怒气，分给文君一些奴仆和钱财。文君与相如离开临邛，重返成都，几年以后，相如再次进京入仕，写了《上林》《大人》等赋，成为著名文学家，并接受汉武帝委派，以中郎将身份"建节往使西南"，经成都邛崃到今西昌、云南昆明一带，安抚边疆少数民族，为安定西南边疆，维护西汉统一做出巨大贡献。

卓文君与司马相如的爱情故事是中国敢于蔑视封建礼教，冲破封建藩篱，赢得自由、美满、幸福的爱情生活的千古佳话（图1-17）。

图1-17　卓文君与司马相如

四、拓展链接

　　川菜即四川菜肴，是中国特色传统的四大菜系之一、中国八大菜系之一、中华料理集大成者。而大部分的川菜精华就是这红彤彤的豆瓣酱了，作为豆瓣酱的翘楚——郫县豆瓣就这样脱颖而出了，甚至一度享有"川菜之魂"的美誉。

　　明代末年，辣椒传入中国，最初为仅供观赏的花卉植物。清康熙年间，辣椒由江浙沿海溯长江西进，其后从湖北、湖南、贵州扩散至四川，迅速为川人所接受，并在川西地区普遍栽种。随着大移民浪潮的蜂起，四川的人口结构、生活习俗、生产方式乃至饮食的烹调方法都随之发生了重大变化，特别是酱油、醋、豆豉、甜面酱等生产技艺的融入，进一步促进了南北菜肴与烹技的大融合，使近代川菜得以脱颖而出。而辣椒及独一无二的郫县豆瓣更使现代川菜风味体系迅速形成并崛起，就此演绎出川菜风味万千、风情万种的传奇。

　　据《郫县县志》记载，清朝康熙年间，福建汀州永定县孝感乡翠亨村陈氏一大家人挑筐扛包，扶老携幼，披星戴月，日晒雨淋地行进在移民入川的路途上。随身携带的充饥干粮胡豆（又名蚕豆）因遇连日阴雨而生霉，陈氏不舍丢弃，便放在田埂上晾晒干后就着辣椒、食盐拌和借以填肚解饥。然而一经入口，他感觉发霉的胡豆瓣拌和辣椒吃来竟十分鲜香爽口、余味绵长，随即将此无意间得来的食用方法保留了下来。就这样，一个偶然的机遇催生了郫县豆瓣的传奇生涯。陈氏家人落脚郫县后，见郫县土地肥沃，水流滋润，便在郫县城南外一千米处的火烧桥砍竹搭屋落户安家，其后，这个茅屋竹院就被邻居称为"陈家笆笆门"。陈氏后人在文庙巷陈家祠堂的南大街创立起"益丰和"酱园。陈守信，号益谦，取其"益"为号。时值大清咸丰年，以"丰"为时记，"和"则取"天地人"三和之义。这便是郫县豆瓣最早的生产厂家。"郫县豆瓣"的名字与品牌也得以迅速发扬。"益丰和"这一名称一直沿用到20世纪50年代，至今该门市还挂着这一匾牌。

　　随着全球经济一体化进程的加快，郫县豆瓣也从传统制作发展到了现代标准化生产。如今，郫县豆瓣已成为四川省成都市郫县食品工业的一大支柱产业，全县已有一百多家生产企业，系列产品年总产量超过60万吨，远销我国港、澳、台地区，以及日本、美国、加拿大等国。

　　2005年，其制作技艺列入第二批国家级非物质文化遗产名录。

五、实践训练

1. 想一想

（1）成都漆艺的工艺流程主要分为哪几步？成都漆艺的代表性工艺是什么？

（2）简述糖画演变的历史，糖画制作的五大要素是什么。

（3）都江堰放水节这一民俗的来历是什么？

（4）新场牛儿灯的表演方式是怎样的？

（5）蜀绣和蜀锦在制作工艺上有什么区别？

（6）四川清音的伴奏乐器多使用什么？

（7）四川扬琴是怎样演奏的？

（8）简单描述西岭山歌的主要演唱内容。

（9）竹麻号子是在什么时候演唱的？唱起竹麻号子会有怎样的作用？

2. 练一练

（1）"人日游草堂"则是成都独特民俗活动之一，请根据传统民俗，策划一个"人日游草堂"的民俗活动。

（2）以著名的民间文学作品《卓文君与司马相如》《鱼凫传说》为故事蓝本，编排一个小话剧进行表演。

（3）查阅资料，找一找成都市还有哪些代表性的饮食制作技艺，选择一道你喜欢的，试着制作一道拿手菜。

项目二 雅安篇

一、案例导入

> 峡束几重烟，山分数尺天。
>
> 岩猿与溪鸟，一似过飞仙。

——宋·下金鸡山

金鸡山就是现在的金鸡关，素有"一夫当关，万夫莫开"之称。金鸡关与飞龙关、飞仙关并称雅安三关。

雅安历史悠久，是著名的历史文化名城，人类活动可追溯到距今一万多年前的旧石器时代晚期。公元前312年，秦置严道县，隶属蜀郡。汉设都尉，蜀汉置汉嘉郡。晋时建置辖属多变。南北朝时（公元348—552年）雅安政权荒废两百多年。公元553年，西魏废帝平蜀以后，始移民垦殖，设蒙山郡，领辖始阳、蒙山二县。隋置雅州，唐置雅州都督府、黎州都督府。五代增设永平军节度使和碉门安抚司。北宋雅州治所由今雅安多营坪迁到苍坪山麓（今雅安市城关）。元代隶属陕西行省，明分置招讨司，守御军、千户所、宣尉使司。清代升州为府，民国初年改道。1939年（民国二十八年），西康建省，雅安市属西康省第二行政督察区，简称雅属。1950年2月1日雅安解放，2月5日雅安县人民政府成立，4月建西康省人民政府，省会设雅安县城厢区（今雨城区城区），同月建雅安专区，专员公署也设在雅安县城厢区。

要想走出巴蜀去往印度，就得过雅安这第一关，去吃吃"棒棒鸡"，喝喝"南路边茶"，看看"芦山花灯""绿林派武术"，吃饱了喝足了看累了，买双"雅安全手工工艺软包皮拖鞋"，继续沿着南方丝绸之路的轨迹前行。

二、内容提要

雅安，四川盆地与青藏高原，现代中心城市与原始自然生态区的接合过渡地带，古南方丝绸之路的门户和必经之路，素有"川西咽喉""西藏门户""民族走廊"之称，是世界茶文化、茶栽培的发源地。这里聚居着彝族、藏族、羌族、苗族、回族等众多少数民族，各民族文化的相互交融与碰撞，孕育出雅安独特的民族文化。

雅安拥有各级非遗项目一百五十余项，有制作古朴、做工精细、烧制考究，被人们誉为"土与火的艺术"的荥经砂器；有距今一千三百多年历史，被誉为"西北少数民族生命之茶"的南路边茶，"宁可三日无粮，不可一日无茶"，南路边茶成为藏汉民族团结的纽带；有川西拳法的典型代表，在四川武术界享有"绿林小手"盛名的绿林派武术；有"胖削瘦添，高切低升""塑人难塑手，眼观己手走"的汉源彩塑；有已传承五代，距今一百二十多年的川派凉菜，以连肉带骨、香嫩麻辣为标志的周记棒棒鸡制作技艺；有从田边地角走出来的自制乐器，民间文艺舞台的奇葩——荥经民间竹号；有包含藏族宗教信仰、风俗、历史的尔苏木雅藏族《母虎历法》和木雅藏族"什结拉布"舞蹈；还有雅安当地独具地域特色的芦山花灯、上里镇天灯节、名山马马灯……

作为四川省历史文化名城和新兴旅游城，雅安非物质文化遗产资源丰富，是茶马古道非遗之旅必经之地。让我们一起走进美丽的"雨城"，感受独特而神奇的非遗文化吧！

三、非物质文化遗产项目介绍

1. 尔苏木雅藏族《母虎历法》

雅安市第三批市级非物质文化遗产名录

申报县区及单位：雅安市石棉县文物管理所

《母虎历法》是记载历法的书，意为"算日子书"，目前在石棉县蟹螺藏族乡尔苏、木雅藏族聚居村寨还在广泛使用。用"母虎"来定名，是由于历书的扉页是虎转四季图，以及每年的第一月和每月的第一日属虎。材质为纸质（系藏族民间手工纸），书中的彩色图画用矿物颜料绘画，目前仅存5本。该历法是尔苏、木雅藏人遵循的行为规范，包含了天文、气象、时令季节，同时包含了尔苏、木雅人在日常生活中约定俗成遵守的一些禁忌，主要用于该区域尔苏、木雅人祭祀、建房、乔迁新居、婚嫁、丧葬、动土、祈福、出行、迁徙、栽种等测算最佳日子和时间。《母虎历法》其功用与夏历、殷历、周历等古代历法和现在广泛使用的黄历有相似之处，具有非常高的科学、艺术、历史价值，对于了解尔苏、木雅藏族的生产、生活习俗、宗教信仰、天文历法等以及古代少数民族历法具有重要价值（图2-1）。

图2-1　尔苏木雅藏族《母虎历法》

2. 汉源彩塑

四川省第二批省级非物质文化遗产名录
申报县区及单位：雅安市汉源县文化体育和旅游局

汉源彩塑艺术上继承了古代泥塑的优秀传统，并有所发展和创新。它的作品内容选材自古典文学艺术，将古典文学艺术平民化，发展了民间艺术，使其作品兼具雅俗合一的艺术特征。彩塑以泥土为原料，以手工捏制成形为一种雕塑工艺品，或素或彩，以人物、动物为主。制作方法是在黏土里掺入少许棉花纤维，捣匀后，捏制成各种人物的泥坯，阴干，涂上底粉，再施彩绘（图2-2）。

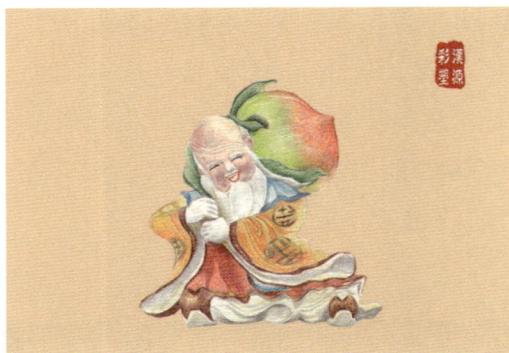

图2-2　汉源彩塑

3. 花灯（芦山花灯）

四川省第一批省级非物质文化遗产名录

申报县区及单位：雅安市芦山县文化馆

芦山花灯属于四川地方灯戏，兴起于汉，盛行于宋，已经有两千多年的历史。花灯表演中主要角色有两个人，一是丑角（俗称"花鼻子"或"三花脸"），一是旦角（俗称"幺妹子"）。在表演中，其眉眼、身段、步法、念白、唱腔等仍具有祭祀、驱邪的影子。所以，芦山花灯是"傩中有灯，灯中有傩"，是研究傩戏的活化石。清朝乾隆年间的《芦山县志》上记载，芦山花灯在北宋时期已是"沿门讴俚曲"，很是兴盛。

看芦山花灯表演，观众无不被"花鼻子"（丑角）的奇特扮相而感到吃惊。他不但反穿皮袄，而且还露着半边膀子，反穿皮袄是羌族人的习俗，斜挎在半边膀子上的衣袖是藏族同胞的穿着方式。而表演者的唱词和念白又是地道的汉语，一个地方戏曲体现出多种民族风情，说明芦山花灯是民族融合的产物（图2-3）。

图2-3　芦山花灯表演

4. 家禽菜肴传统烹制技艺（周记棒棒鸡制作技艺）

四川省第三批省级非物质文化遗产名录

申报县区及单位：雅安市荥经县文化馆

棒棒鸡以连肉带骨、香嫩麻辣为标志，是有名的川派凉菜，历史至少可追溯至清光绪时期的1895年，距今已有126年，其发源地在川西青衣江流域。荥经老字号周记棒棒鸡自清光绪年间创立，百年间已传承五代，2011年入选四川非物质文化遗产，成为保护技艺。

棒棒鸡得名源于木棒。从前鸡价甚高，于是鸡肉只能宰成小块出售，根据鸡的重量确定各部位可宰成多少块，骨重的部位宰大些，骨轻的宰小些，鸡脯肉单独开片。为了客人不挑肥拣瘦，鸡肉要尽量均匀，于是就准备好一尺长的木棒，将刀刃按在原料上，用木棒敲击刀背，不偏不倚、一刀一块，这便是"棒棒鸡"名字的由来。

棒棒鸡制作流程：炖煮—冷却—宰制—摆盘—淋佐料—加冷鸡汁—成型，棒击拆切规整，鸡片拌料淋油15分钟后口感最佳——入口香辣嫩滑，花椒之凉麻穿皮透骨，回口为糊香及芝麻香，此时鸡之鲜、肉之弹凸显，满溢唇齿，余味悠长（图2-4）。

图2-4　周记棒棒鸡

5. 绿林派武术

四川省第二批省级非物质文化遗产名录
申报县区及单位：雅安市雨城区文化馆

青城绿林派是清朝光绪年间起源于四川青城赵公山的一支传统武术流派，距今有一百二十余年的历史。初以农民起义形式创派，融合中国传统武术南北两派之长，受中国侠文化思想影响甚大，又涵盖儒、释、道等传统文化思想特点，集技击、养生、修身、演练于一体。传统风格浓郁独特，尤以南派手法见长，在四川武术界享有"绿林小手"的盛名。

路军健作为青城绿林派传承人，在雅安扎下了根，并发展成为雅安流传最广、习练人数最多的一个流派。绿林派武术的形成受到了赵公山山高林密地带的环境与中国侠义文化思想的影响，动作上体现出小巧多变，身桩、步法的变化、手上劲力的变化、路线的变化尽在其中。在打斗中也表现出侠家的快、狠，善于击打人体要害处，套路中也有很多包含反叛思想的动作。绿林派武术以太极阴阳变幻为用攻守，讲究式法自然，无神而不动，又莫贵于静也，静则心不妄动，而处之裕如，变幻莫测，神化无穷（图2-5）。

图2-5　绿林派武术

6. 名山马马灯

雅安市第一批市级非物质文化遗产名录
申报县区及单位：雅安市名山区文化馆

名山马马灯是边唱边舞、唱舞结合的民间文艺（灯彩）表演形式，主要流行于川西，尤其是名山、雅安、蒲江、邛崃等地。歌舞者主要以马牌（2人）、幺妹儿（2人）为主。在四川锣鼓的伴奏下，马牌与幺妹结对起舞。领唱者唱一段后用"跐扒子""急箭敏"等步伐舞蹈，耍"穿檐柱"及跑阵式"双八挂""九连环"等拜主家。马马灯唱词格调为"双句式"（上下句）。主旋律简单明快（用鼓槌曲牌伴奏更有它的独特魅力）。马马灯表演时，伴有中式彩灯4个，上书"庆贺春节""年年有余""五谷丰登""人寿年丰"等，借以烘托表演气氛。马马灯主要在春节期间表演（图2-6）。

图2-6　名山马马灯表演

7. 木雅藏族"什结拉布"

雅安市第三批市级非物质文化遗产名录
申报县区及单位：雅安市石棉县文物管理所

木雅藏族舞蹈"什结拉布"流行于石棉县木雅藏族聚居的村落，每年晒佛节（藏历冬月十五）晚上必跳"什结拉布"。"什结"，木雅藏语意为"面具"，"拉布"意为"跳舞"，"什结拉布"意为"跳面具舞"。需要11名成年男子完成，两人敲鼓和打钹，两人扮演一对年迈的夫妇，7人扮演7位年轻的姐妹。扮演者用头帕蒙住脸部。舞蹈演绎一家人的日常生活，有打荞麦、手推磨、放牛羊、剪牛毛、纺线、织布等反映木雅人辛勤劳作的动作。"什结拉布"是木雅藏人先民遗留给后人的优秀文化遗产，是先民们在长期与恶劣的自然环境抗争中产生的舞蹈，它包含了木雅藏族的宗教信仰、风俗、历史等诸多信息，其文化艺术价值可与西方的古希腊戏剧和目前西藏流行的藏戏相媲美，具有非常高的科学、艺术、历史价值（图2-7）。

图2-7 木雅藏族"什结拉布"村落

8. 南路边茶制作工艺

第二批国家级非物质文化遗产名录
申报县区及单位：雅安市非物质文化遗产保护中心

南路边茶，又称黑茶、乌茶、边销茶、南边茶、大茶、雅茶、藏茶，产于四川省雅安市，是黑茶的一类，距今已有一千三百多年的历史，被誉为"西北少数民族生命之茶"。清朝中叶，"茶引制"改为"招商引岸制"，雅安及周边产茶县的口岸"批验所"设打箭炉（康定），因成都到该口岸须出南门，遂称此路所产茶为"南路茶"，南路茶绝大多数为边销茶，故又称"南路边茶"。其从唐宋时就开始传承，形成一套独具特色的制作技艺和标准。南路边茶制作技艺主要分为采割、初制、成品茶加工三个部分。目前，一些工艺经过改良完善被完整保留下来，但很多手工操作的工具和用具正在消失、变异，能操作使用的人也越来越少（图2-8）。

图2-8　南路边茶

9. 上里镇天灯节

雅安市第一批市级非物质文化遗产名录
申报县区及单位：雅安市雨城区文化馆

天灯，又称孔明灯。上里镇群众自古就有放飞天灯的习俗，每当重阳、清明、元宵等时节，群众自发性地用五颜六色的纸扎成灯笼状"天灯"，请一些本土秀才在灯上写下祝福、吉祥的话语，然后就利用热气球原理，在夜间将灯放飞，以此表达他们对美好生活的向往，对亲朋好友的祝愿以及对已逝亲人的思念等。集体放飞天灯时，场面十分壮观，初如神兵天降、夜同白昼，后似繁星满天、银河下凡。古镇商家、小贩也破例通宵营业，太子坝上古戏台前挤满了看社戏的群众，老人们把桌椅搬到坝上来，三五成群，休闲纳凉、谈天说地（图2-9）。

图2-9　上里镇天灯节放天灯

10. 抬阁（晏场高台）

四川省第三批省级非物质文化遗产名录

申报县区及单位：雅安市雨城区文化馆

晏场高台是四川西部一种典型的可移动舞台艺术，距今已有四百多年的历史，有着浓郁的本地民俗文化特色。晏场高台从四百多年前单调、独一的地方戏走到今天复杂而多样化的高台艺术，通过巧妙的掩饰、复杂的彩扎等技艺，根据故事的剧情要求，使历史文化人物通过高台活灵活现、栩栩如生地展示在人们面前。它是自发形成的一种民间文化，不仅有故事的趣味，而且有戏曲的风格；不仅有舞蹈的韵味，而且有杂技的绝招，有雕塑的形态和技艺的精巧；既有个人才艺展示，更注重整体动作的协调，充分表现了中华民族勤劳勇敢、团结向上的民族精神和万众一心、众志成城的凝聚力，体现了中华民族的智慧文明，具有深厚的群众基础和广泛的影响（图2-10）。

图2-10 晏场高台

11. 荥经民间竹号

四川省第三批省级非物质文化遗产名录

申报县区及单位：雅安市荥经县文化馆

旧时，荥经城乡周边，慈竹林在田边地角都有，逢年过节、农闲休息，随手砍一根嫩慈竹便可制作成一支竹号。吹奏竹号需要中气十足，这一要求也成为男青年展示自身力量和魅力的一种方式，于是竹号就成为人们特别是男青年喜爱的一种自娱自乐的吹奏乐器。荥经竹号用料多为慈竹，二十多节削好的大小竹筒，按从大到小顺序接牢而成，号体端直，长过一米，呈喇叭筒状，此状能将声音放得更大，传得更远。后竹号经以改良，将传统单音阶改成可吹奏乐曲的多音阶。

传统的竹号吹奏以刘文锦为首，荥经人逢有喜事或是在节气时进行表演。而改良后的竹号以廖建康为首，带领大家吹奏更响亮的竹号乐曲（图2-11）。

图2-11　荥经民间竹号

12. 荥经砂器烧制技艺

第二批国家级非物质文化遗产名录
申报县区及单位：雅安市荥经县非物质文化遗产保护中心

荥经古称严道，以砂器闻名。荥经砂器历史悠久，据1982年考古学家从当地发掘的秦汉文物考证，早在两千多年前就有砂器生产。

荥经砂器的制作方法基本沿用历史遗留下来的汉族传统手工作坊生产方式，原始古朴的手工生产具有产品精致、独特、不重复等特性，同时也具有文物性特点。

荥经砂器制作工艺至今依然沿袭春秋时期的工艺，这种相传几千年的原始工艺，使荥经砂器形成了红色、银灰色、黑色为主的单色砂器，且以砂锅、砂罐等生活器皿为主。

荥经砂器的原材料很简单，主原料是当地特产白善泥，与煤渣混合。制作方式分为采料、粉碎、搅拌、制胚、晾晒、烧制、上釉、出炉、入库几道工序，环环相扣，不出任何差错，才能制出一件满意的砂器（图2-12）。

图2-12 荥经砂器烧制

四、拓展链接

雅安皮革制造历史久远，在明末清初时期，雅安就有不少家庭作坊开始生产皮革。雅安手工软包皮拖鞋的技艺源于跳履的发展，传统手工制作软包鞋工序烦琐复杂，主要有13道工序，包括了选料、裁料、清帮、折边、镶接、辅料制作、美化、翻点子、内胆制作、底子制作、帮底缝合、装内胆、底缝合。每道工序都有严格的标准，讲究操作手法干净、利落、准确。制作时大大小小的工序多达82个步骤。如今雅安人手工制作软包皮拖鞋，不但做鞋，而且也做文化，以手工皮拖鞋为载体，传播传统文化，让传统文化和传统工艺相得益彰，通过文化创意来提升产品形象和价值，其中较为出名的创意产品有《五彩脸》《熊猫芙蓉情》等系列。

2019年，雅安全手工工艺软包皮拖鞋制作技艺入选第五批四川省非物质文化遗产名录。

五、实践训练

1. 想一想

（1）尔苏木雅藏族《母虎历法》主要记述了哪些内容？

（2）请叙述汉源采塑的主要创作题材来自什么地方。

（3）为什么说芦山花灯是"傩中有灯，灯中有傩"？

（4）为什么将雅安一带出产的黑茶称为南路边茶？

（5）晏场高台是四川西部一种典型的可移动舞台艺术，其主要的表演特色是什么？

（6）荥经民间竹号的主要制作材料是什么？

（7）荥经砂器主要用什么原料制作？生产工序有哪些？荥经砂器可以应用到现代生活的哪些场景中？

2. 练一练

许多地方都有放天灯的习俗，试列举几处放天灯的民俗，比较其异同。并动手设计制作一个天灯。

项目三　凉山州篇

一、案例导入

《汉晋春秋》有载，蜀汉先主刘备死后，其子刘禅即位。一南蛮夷猛将追随益州郡大姓雍闿起兵反蜀汉，并诱煽夷人同叛。汉丞相诸葛亮到南中亲征，百战百捷。闻知有一猛将叫孟获，素来被当地的夷人和汉人所敬仰，于是发兵攻打孟获并在盘东擒获了他。诸葛亮采纳了参军马谡的建议，赦免孟获来换取蜀汉南方的民心。后来南中平定，孟获随着诸葛亮回到成都，担任御史中丞。此后直到诸葛亮死前，蜀汉南方都没有人敢再次叛乱。这便是历史上有名的"七擒七纵"故事，而故事中的人物孟获就是凉山彝族人。

凉山彝族自治州地处四川省西南部，自西汉开始就成为多个朝代战略要地。直到新中国成立以后，这片土地才恢复了和平与宁静。

历史长河孕育出的大凉山彝族文化，最为有名的就是"彝族火把节"，每年都吸引不少游客前往。凉山彝族自治州有着"毕阿史拉则"这样的宏伟传说，又有着"口弦"这些优美音乐，更有"彝族克智"这些脍炙人口的诗作口口相传的文学传承。大凉山自古就是通往云南和东南亚的重要通道，是"南方丝绸之路"上的重要区域。

二、内容提要

凉山，位于四川省西南部，自古就是通往云南和东南亚"南方丝绸之路"的重镇。这里冬无严寒，夏无酷暑，四季如春，作为全国最大的彝族聚居区——大凉山，是以彝族为主体的诸多民族聚居的地区，是非物质文化遗产的天然宝库。大凉山人们在这片富有古老文化、神奇传说、迷人自然景观的土地上繁衍生息，传承和保留着各民族古朴、浓郁、独特的文化传统，创造了具有凉山自然封闭形态的包括天文、星相、历法在内的独特而优秀的民族文化。

凉山拥有各级非遗项目340余项，有彝族传统节日中规模最大、内容最丰富、场面最壮观、参与人数最多、民族特色最为浓郁的盛大节日——火把节（被联合国教科文组织列入"2010年世界非物质文化遗产审批项目"），在火把节中存留着原始歌舞遗风古貌，只限女子集体表演的歌舞形式——彝族朵乐荷；有大小凉山彝族传统的祭祀兼庆贺性节日——彝族年；小凉山泸沽湖畔摩梭历史经典的民间舞蹈，摩梭青年男女表白的"桥梁"——甲搓舞；有具有鲜明民族特色，彝族远古绘画艺术的"活化石"——毕摩绘画；有民族工艺中一颗亮丽的明珠、穿在身上的历史——彝族服饰；有"男弹月琴，女弹口弦"，凉山彝族代表性的乐器，彝族人们的精神食粮——月琴和口弦；还有做工精细的彝族漆器髹饰技艺、彝族银饰制作技艺……

千百年来，大凉山的先民创造并积累了内涵丰富的人类文明，留下了丰富多彩的文化遗产。跟随我们一起走进神秘的大凉山，感受神秘与独特的凉山非遗文化吧！

三、非物质文化遗产项目介绍

1. 毕摩绘画

第四批国家级非物质文化遗产名录

申报县区及单位：四川省凉山彝族自治州美姑县文化馆

彝族毕摩绘画是由彝族祭司毕摩画在纸张或兽皮、树皮、竹简、石头、木板等载体上的图画，是一种通过绘画与文字相互配合的形式来叙述故事、塑造形象、抒发情感、反映历史生活、表达志向和愿望的艺术体系，是彝族远古绘画艺术的"活化石"，具有鲜明的民族特色。

毕摩是彝族远古"政教合一"时期的部落酋长，后来逐步蜕变为专掌祭祀、载史、占卜之职的祭司，同时也是彝族民间唯一掌握着系统的原始绘画艺术与文字的人物。毕摩绘画分布于川、滇、黔、桂四省区的彝族民间，以大小凉山为分布重点。

毕摩通常以竹、木削制成笔，蘸牲血调锅烟灰制成的墨汁，在纸上或木板上绘画，且不打草稿，凝神定气，一气呵成，不加雕琢，线条简约爽快。毕摩绘画通常分为两类：一是毕摩文献上的插画图解，二是在木板、石板上的图画符号。毕摩绘画具有以下特征：一是功利性和信仰性，二是原始性，三是独特性，四是书画合一性（图3-1）。

2014年，毕摩绘画经国务院批准列入第四批国家级非物质文化遗产名录。

图3-1　毕摩绘画

2. 朵乐荷

四川省第一批省级非物质文化遗产名录
申报县区及单位：凉山彝族自治州普格县人民政府、凉山彝族自治州布拖县人民政府

四川凉山彝族火把节中，有由女性群体表演的歌舞"朵乐荷"，彝语又称"都火"。其浓郁的民族风格和绚丽的地方特色，丰富而深刻的社会内涵，千百年绵延不辍，存留着原始歌舞的遗风古貌。朵乐荷表演形式是由彝族姑娘们手撑金黄色的油伞，身穿节日盛装，在火把场围成一个个大小不一的圆圈，少则十几人，多则数十上百人，手牵彩巾，唱着传统歌谣，一人领唱领舞，众人重复合应，边唱边走，舞队向顺时针方向转动，由德高望重的彝族老人在其间挑选出火把节上的美女。这一表现总称为"朵乐荷"。歌的内容有：

（1）祭祀、祝福性的，如《朵乐荷》《欧俄欧阿》《荣洛灯》《格拉》；

（2）歌舞性的，又称《都荷调》；

（3）传承远古生活及习俗，歌唱生活，感受远古与现实变化的《约约经》；

（4）结合心境，歌唱及控诉彝族妇女凄惨命运的《阿莫尼惹》；

（5）用即兴、比拟和赋兴手法戏谑的《阿依嫫霞》等十余种曲调，若干首歌曲。

朵乐荷的歌舞形式、歌唱方式、舞步姿态、队形队列、道具用物等，都有一定习俗和惯例。所唱的歌曲和内容也都有传统的范围。

朵乐荷保持了原始艺术"三一致"（诗、歌、舞一体）的古朴风貌和形式，是活的历史遗存，具有丰富的文化内涵和社会科学价值，同时也是民族内聚力的精神产物，对于构建和谐社会、促进民族团结具有极其重要的意义与现实的社会价值（图3-2）。

图3-2 朵乐荷表演

3. 婚俗（彝族传统婚俗）

第三批国家级非物质文化遗产名录

申报县区及单位：四川省凉山彝族自治州美姑县文化馆

订婚。彝语叫"吾让木"，是双方正式缔结婚姻的主要标志。订婚仪式时，男方家择日携带白酒和春秋季同窝孵出的一对小鸡前往女方家行聘。一般情况下，聘金可用现金或银子，但不能全给完，要留下一小部分，以取细水长流之意。订婚后，双方不得轻易毁约。如果男方先毁约，已付聘金不退；如果女方毁约，要在已收聘金的基础上加倍赔偿对方。

禁食。美姑彝族至今还保留着婚前禁食的习俗。婚前一周，新娘每天只吃一个鸡蛋和喝一碗水，出嫁那天完全禁食禁水，彝语叫"杂果"。过去，禁食时间越长，就越显得新娘懂礼节、有毅力。

美姑彝族结婚分"阿弥西"（嫁女儿）和"媳嫫西"（娶媳妇）两道仪式，"阿弥西"的承办方主要是女方家，"媳嫫西"的承办方主要是男方家。"阿弥西"也就是出嫁。女方家一般在出嫁前的一个星期左右就开始举行"闹婚"。白天亲朋好友和左右邻居都聚集在女方家帮忙做活计，为出嫁的女儿准备结婚的嫁妆，绣项圈、绣花衣、穿玛瑙耳环、绣彩裙、做华服，夜晚则通宵饮酒对歌、叙旧怀情。

美姑彝族婚礼上有许多有趣的形式：喜背新娘、泼水、喝泡水酒、吃大块肉条、唱对歌、说确（意为男女嬉戏）、聘礼金、约拉古（回娘家）等。其婚礼独具一格，有特色，更有风趣（图3-3）。

图3-3　彝族传统婚俗

4. 甲搓舞

第二批国家级非物质文化遗产名录
申报县区及单位：四川省凉山彝族自治州盐源县文化馆

摩梭人的族源属于我国古羌族，主要分布在云南的宁蒗县及四川的盐源、延边和木里等几个县，人口约5万人。甲搓舞是四川凉山泸沽湖摩梭历史经典舞蹈，演员们以优美的舞姿展现出摩梭女人勤劳、善良的品德，是第二批国家级非物质文化遗产项目。摩梭甲搓舞俗称"锅庄舞"，广泛流传于小凉山泸沽湖一带，具有较强的群众基础，作为一种群体娱乐性舞蹈，摩梭人会在庆祝丰收、节日、祈福神灵时自发地组织起来跳甲搓舞。所谓甲搓，意思是为美好的时辰或时代而跳舞。害羞的摩梭男女如何在跳舞时相互表达心意？秘密藏在甲搓舞中——他们通过跳舞时悄悄抠对方手心来倾诉爱意。而抠手心同样有讲究，只能抠三下，若对方同样有意，就会回抠。甲搓舞的动作延伸于摩梭人的劳动情形，共有72个动作。甲搓舞的基本步法有"前三步，后三步"及"大跳"等。基本动作由腿部动作和手上动作构成，腿部主要表现为"跨退、踏步、辗转"等基本动作形式；手上动作主要表现为"摆、甩、晃、搭、撩"等。整个舞蹈动作由两大部分组成：先由慢到快，再由快到慢，手拉手按逆时针方向舞动（图3-4）。

图3-4　甲搓舞

5. 口弦音乐

第二批国家级非物质文化遗产名录
申报县区及单位：四川省凉山彝族自治州布拖县文化馆

　　彝族口弦，彝语叫"红火"，是一种彝族特有的民间乐器。旧时，相互爱慕的彝族青年男女对弹口弦传情，以口弦为定情信物相赠。美姑县拉木阿觉乡美女峰下有一个口弦村——拉达村，据说，二十年前，美女峰下的村民男女老少都会打造口弦，并且每个人都会弹奏多首传统口弦乐曲。

　　美姑县民间口弦制作和弹奏传承人的阿哈介绍：凉山彝族口弦由最少一片、最多五片薄簧片组成。簧片有竹片和铜片两种。簧片长5~8厘米，其中单片和两片的相对更长更宽一些，三片以上的会相对短小一些。弹奏时，竹制的和单片的口弦音色更低沉、厚重一些，听起来宁静、致远，时常会使人从心底荡漾起一股浓浓的乡愁或忧伤感；铜制的和多片的口弦音色相对清脆、圆润、秀丽，听起来会使人欢快、悦动（图3-5）。

图3-5　彝族口弦

6. 民族乐器制作技艺（彝族月琴制作技艺）

四川省第四批省级非物质文化遗产名录
申报县区及单位：凉山彝族自治州雷波县文化馆

凉山彝族"男弹月琴，女弹口弦"是一项广泛流传的习俗，月琴是凉山彝族有代表性的乐器，深受彝族人民的喜爱。在长期流传中，月琴音乐的艺术水平和音乐文化两个方面的发展都达到了相当的高度和深度。

彝族月琴是一件结构科学、性能良好、音色优美、表现力强的旋律乐器，其音乐如前述，不仅资源丰富，而且艺术性很高。凉山彝族的民族情感、思想情绪、伦理道德、审美观念，表现在月琴音乐方面，主要为有关的传说、故事、谚语、乐语、歌谣等文化现象，也反映出月琴及音乐在人们心目中和社会生活中的影响。如彝文古籍《西南彝志》描述古代歌场有"蜘蛛弹弦子，苍蝇吹号筒"之句。彝族乐谚"黑溪略撒弦子哦"。意思是"心里的愁与乐，月琴弹出来"。"口弦会说话，月琴会唱歌"。普格县流传的姑娘史娓与小伙子拉惹的爱情悲剧，史娓被逼殉情吊于她二人经常幽会的大树下，拉惹砍下那棵树做成了月琴，这是彝族人民把月琴视为忠贞爱情产物的由来。此外，月琴广泛用于社会生活的多种场合，深受人们喜爱，称得上是彝族人民离不开的精神食粮（图3-6）。

图3-6 彝族月琴

7. 酿造酒传统酿造技艺（彝族燕麦酒古法酿造技艺）

四川省第四批省级非物质文化遗产名录

申报县区及单位：凉山彝族自治州会东县文化馆

彝族燕麦酒古法酿造工艺是会东县彝族特有的古法酿造技艺。在彝族，酒的价值有时与人的价值相提并论，彝族谚语云："一个人值一匹马，一匹马值一杯酒"，体现了彝族人爽朗、豪放、无酒不成事的习俗。会东县彝族燕麦酒古法酿造工艺，因其浓郁的酒文化而历史十分悠久，古时多以自酿自足的状态存在，偶尔在彝族聚居区以物换物的形式出现。

彝族人称"有酒便是席"，彝家谚语云："所木拉九以，诺木支几以"（汉区以茶为敬，彝区以酒为尊）。在彝家，每当客人来到，无沏茶敬客之礼，却有斟酒敬宾之俗。每逢婚嫁，以视"酒足"为敬，"饭饱"则次之。彝族酿酒工艺大致分为三种：①甜酒，彝族称"支边"，类似汉族的醪糟；②蒸馏酒，彝族称"支几"，汉族称为白酒；③泡水酒，即彝族什扎地区盛行的杆杆酒。会东彝族的燕麦酒属蒸馏酒，饮俗为"转转酒"，是会东彝族特有的酿酒工艺和独特的阿都地区饮俗文化。

会东县彝族古法酿造出的燕麦酒清香甘醇，不添加第三方原料，不上头，是纯天然原料和原始工艺加工的绿色饮品。酒是彝人与祖先对话的桥梁，彝族人过年过节通过供奉美酒祭祖献灵，祈求祖先保佑人们远离灾难、六畜兴旺、家门发达；酒是彝族人走亲访友的最佳礼品，也是排解家族矛盾纠纷的融合剂，更是毕摩、苏尼占卜测卦的法宝。彝人古俗不滥酒，谚语云："酒好只需一杯，贤子只要一个。""男人命不好娶个胃疼妻，女人命不好嫁个酗酒夫。"这就是彝族人的"节饮"思想（图3-7）。

图3-7　彝族燕麦酒

8. 彝族服饰

第四批国家级非物质文化遗产名录

申报县区及单位：四川省凉山彝族自治州昭觉县文物管理所

凉山型服饰主要流行于四川省凉山彝族自治州和毗邻各地，以及云南省金沙江流域南岸，以被誉为彝族服饰文化艺术之乡的四川省凉山州昭觉县为中心，向四周辐射到彝族北部的圣扎、义诺、索德各方言土语区，汇集了凉山彝族地区的服饰及服饰文化艺术。凉山彝族服饰随着不同地域、生态和方言而各具特色。

彝族服饰工艺的主要特点是"做花"工艺。彝族服饰在衣服的衣领、衣襟、袖臂、项背、下摆、裤筒、裤脚、帽子、头帕、挂包、围腰、裙边等部位装饰各种花纹，最常用的工艺习俗有贴花、挑花、穿花、锁花、盘花、补花以及刺绣、滚绣等。

由彝族服饰可以看出穿着者的年龄、性别、婚育等，还能看出民族的节庆、婚礼、丧葬、崇尚、信仰、礼仪等习俗。彝族女孩长到一定年龄时要举行换裙仪式，表示女孩已成人。彝族老年人丧服面料禁忌使用色彩鲜艳的红、黄二色，多用黑白二色，并在灵堂下方及两侧挂礼服以示祭奠。婚礼新娘装，头缠黑、青布帕，饰以金花银泡，上盖一块头巾，颈饰银领牌，耳坠银饰品，上身着绣花宽袖长衣，下着百褶裙，手饰金银手镯及金银戒指，外披蓝色双层披毡等华丽盛装。

正如郭沫若先生所说："由服饰，可以考见民族文化发展的轨迹和各兄弟民族间的相互影响，历代生产方式、阶级关系、风俗习惯、文物制度等，大可一目了然，是绝好的史料。"彝族服饰是穿在身上的历史，是民族工艺中的一颗亮丽明珠（图3-8）。

图3-8　彝族服饰

9. 彝族火把节

第一批国家级非物质文化遗产名录
申报县区及单位：四川省凉山彝族自治州非物质文化遗产保护中心

凉山彝族火把节，是彝族太阳历的第二个星回节，在每年农历六月二十四举行。彝族火把节是中国十大民俗节日和四川十大名节之一，被联合国教科文组织列入"2010年世界非物质文化遗产审批项目"。四川省凉山彝族自治州是我国彝族最大的聚居区。据历史文献记载，火把节有"以火色占农""持火照田以祈年""携照田塍，云可避虫"等含义。火把节是彝族众多传统节日中规模最大、内容最丰富、场面最壮观、参与人数最多、民族特色最为浓郁的盛大节日。

火把节来历与彝族十月太阳历有关，彝族十月太阳历是以"子、丑、寅、卯、辰、巳、午、未、申、酉、戌、亥"十二属相之"鼠、牛、虎、兔、龙、蛇、马、羊、猴、鸡、狗、猪"来轮回纪日，一个月为三十六日，一年为十个月，另加五日至六日为过年日，因此，它是太阳历，是以地球绕太阳为周期。

每年的农历六月二十四，凉山彝族同胞要穿上节日的盛装，载歌载舞，举办声势浩大的选美活动和服饰、骑马、摔跤、射箭比赛，并在夜晚点燃火把在旷野中游行，纪念他们心中的英雄（图3-9）。

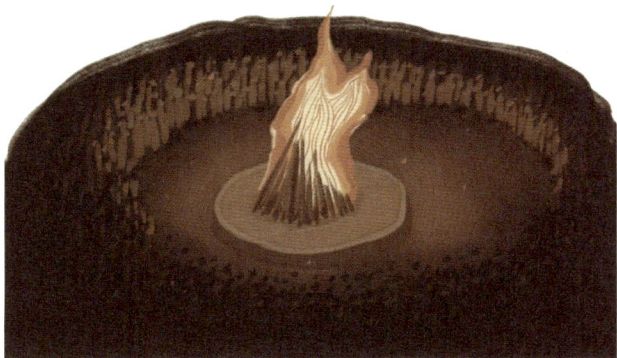

图3-9 彝族火把节点燃火把

10. 彝族年

第三批国家级非物质文化遗产名录

申报县区及单位：四川省凉山彝族自治州非物质文化遗产保护中心

彝族年，彝语称为"库斯"。"库"即年，其义为：转、回、回转、回归、循环；"斯"即新，意思是新年。彝族年是凉山彝族自治州大小凉山彝族传统的祭祀兼庆贺性节日。"库斯"一般选定在农历十月，庄稼收割完毕的季节。彝族年为三天。彝族年的头夜叫"觉罗基"，过年第一天叫"库斯"，第二天叫"朵博"，第三天叫"阿普机"。

彝族时空观念中一般把最北的端点作为起始点，太阳冬天日落点南移到最南端后，不再南移，在此停留几天后又往北移。此端点称为"布古"，意为"太阳转回点"。然后到夏季时太阳落点又移到最北的端点，就不再北移而回归南移，此端点称为"布久"，意为"太阳回归点"。此后日渐南移，到最南的端点。从最北的端点到最南的端点一个往返周期就是一年。这一时间约为冬至——夏至——冬至的周期。凉山彝族的"库斯"一般在冬至"布久"的这个时候（图3-10）。

图3-10　彝族年活动

11. 彝族漆器髹饰技艺

第二批国家级非物质文化遗产名录

申报县区及单位：四川省凉山彝族自治州喜德县民政民族工艺厂

彝族漆器具有做工精细、造型多样、美观大方、笔法细腻、色泽对比强烈、通体绘纹、主次位置得当、繁简相宜、无异味、无毒、耐酸碱、耐高温、不变形、不易裂、不脱漆、精美大方以及华贵绚丽的纹饰和优美的造型浑然一体、和谐统一、民族风格浓郁等特征。

据古代文献记载，彝族先民"随畜迁徙，毋常处"，为了游牧生活的便捷，彝族人从一开始便选择了轻便的木、皮、角、漆制品作为日常生活用品。吉伍巫且被国家授予"国家非物质文化遗产'彝族漆器'项目代表性传承人"称号。在凉山，木漆制品多选用不易裂缝、质地细腻、木纹较为统一的杜鹃树为原料，以喜德、昭觉最为出名；皮漆、竹制品以美姑最为有名，其中水牛膝盖部分做成的彩饰皮碗最佳，是皮碗中的上品。

漆器的色彩有红、黑、黄三色。彝族人民喜爱红色，它象征勇敢、热情；黑色表示尊贵、庄重；黄色代表美丽、光明。三色错综调配，间隔使用，色泽明快艳丽。漆器的纹饰特点是自然写实。纹样皆源于自然，来自生活。彝族漆器民族风格特别突出的造型是鹰爪杯、雁爪杯、牛角杯和野猪蹄杯等饮酒器皿。这些酒器直接取材于自然物体，经磨制彩绘而成，古朴自然，造型不凡。这些动物都凶猛、有力，为游牧狩猎民族所敬畏，借用它们的角、爪做酒杯，可以显示自己身份的高贵和势力的强盛（图3-11）。

图3-11　彝族漆器

12. 彝族银饰制作技艺

第二批国家级非物质文化遗产名录

申报县区及单位：四川省凉山彝族自治州布拖县文化馆

据考古发现，彝族是最早冶炼、铸造银器的民族之一。彝族人喜爱打扮，以佩戴金银为时尚，特别是崇银尚银情结突出，这一习俗一直流传至今。这些传统的民风民俗不但使银器在广大彝族地区风靡，也造就了一大批手工艺者。

凉山彝族银器种类繁多，有银质餐具、酒具、马具、刀具、宗教用具和佩饰等，有的则在漆器上包上一层银皮或镶嵌银片，增加漆器的美观和价值。银器的纹饰手法采用阴刻、镂空、镶嵌等，较之漆器有了很大的进步。这些精致的银器所体现的美，是彝族手工业的精髓。

彝族人男女老少均以佩戴银饰为贵，人们用各种银饰装扮自己。可以毫不夸张地说，一个盛装的彝族女子，从头到脚，映入你眼帘的都是熠熠生辉的银饰。在彝族女子的穿戴中最贵重的是结婚用的"扯扯火"（胸饰）和"窝嘎"（背饰）。华美的胸饰已成为彝族银饰中的珍品。胸饰长达1米左右，一般需用纯银10多斤。胸饰由6~8件独立的饰件组合而成，用纯银链连接成环状。每个饰件垂吊筒穗、银铃。饰件上的图案丰富多彩，由太阳、月亮、星星、羊角、蝴蝶、麒麟、飞鸟、火轮等纹饰组成，整个图案形象突出、夸张，做工精细，纹饰外凸，颇富立体感。彝族男子一般喜在左耳佩戴大而粗的银耳环，有的男子也佩戴手镯和戒指，由此显示豪迈威武的英雄气概（图3-12）。

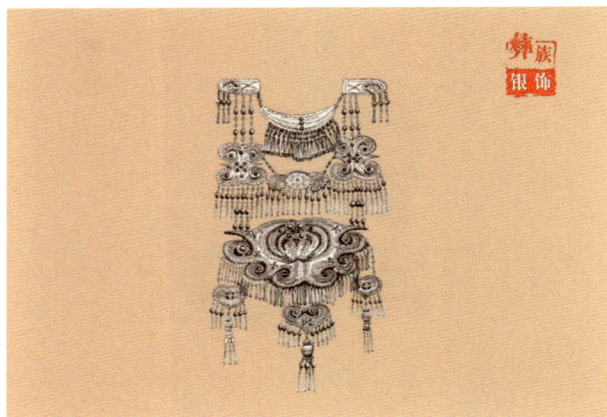

图3-12　彝族银饰

四、拓展链接

彝族口头克智论辩是彝族民间语言艺术中内容最丰富、形式最灵活，且最具知识性、趣味性、娱乐性、竞技性的一种诗体口承文学，通常在婚礼、丧葬、节庆等集会场所，由主客双方论辩手临场演述。据文献记载，早在秦汉时期，彝族克智论辩歌场就已形成。

克智论辩的表现形态颇多，主要由双方论辩手说唱诗歌或辞赋。其辞以五言、七言为主，论辩手谈古论今，互相辩驳，胜者是"穷百家之词，困众人之辩"。克智论辩的内容也极为丰富，涉及文学艺术、历史哲学、天文地理、风俗礼制、伦理道德、农学医学等多种知识。同时表现手法灵活多样，多用赋、比、兴，常见的修辞手法有比喻、排比、铺张、反复、顶针、粘连、夸张等。克智论辩在四川凉山彝区流传至今已两千多年，其中美姑县的保留最为完整。克智论辩集中体现了丰富的彝族传统文化知识，对于研究彝族社会文化史、思想史、音乐史、美学史、艺术史、论辩史等具有重要价值。但是随着当今社会经济的发展和外来文化的冲击，彝族民众的婚姻观、价值观发生了很大的变化，彝族克智论辩传统正在迅速消亡，亟待保护。

2008年6月7日，彝族克智经国务院批准列入第二批国家级非物质文化遗产名录。

五、实践训练

1. 想一想

（1）什么是毕摩？毕摩绘画是怎样进行的？

（2）朵乐荷作为彝族火把节的组成之一，是如何开展的？都有哪些主要活动？

（3）彝族婚俗的主要特征有哪些？

（4）为什么甲搓舞能流传至今？甲搓舞表达了民众什么情绪？

（5）彝族口弦的制作工艺是怎样的？

（6）简述彝族服饰的主要特点。

（7）叙述彝族火把节的来历。

（8）查阅资料，简述彝族年有哪些民俗。

（9）彝族漆器的主要制作原料是什么？在生活中有什么用途？

（10）彝族的男女老少喜欢佩戴什么来装饰自己？为什么？

2. 练一练

（1）彝族的主要传统民族乐器有哪些？

（2）彝族人待客的主要方式是什么？

项目四　攀枝花篇

一、案例导入

　　长江是亚洲和中国的第一大河，世界第三大河。长江流域是中华文明的发源地，更是早期人类生存和演化的重要地区之一。

　　《诗经》中《周南·汉广》："南有乔木，不可休思；汉有游女，不可求思。汉之广矣，不可泳思；江之永矣，不可方思。"这里的"江"便是长江了。且长江深受古代文人墨客喜爱，如"孤帆远影碧空尽，唯见长江天际流""星垂平野阔，月涌大江流""无边落木萧萧下，不尽长江滚滚来""大江东去，浪淘尽，千古风流人物"皆是千古名句。作为万里长江上游第一城的攀枝花，是"南方丝绸之路"巴蜀地区的最后一站。

　　攀枝花是全国唯一以花命名的城市，享有"花是一座城，城是一朵花"的美誉。攀枝花建市时间虽短，但是地域历史文化底蕴却很深厚。攀枝花因为少数民族较多，所以保留了很多民族传统习俗、技艺，每年都会举办大型的非物质文化遗产节，其中"傈僳族婚礼""新山傈僳族约德节""盐边国胜茶制作技艺"都是每年的必备项目。

二、内容提要

　　攀枝花，地处西南川滇接合部，位于四川最南端，是闻名遐迩的"中国钒钛之都""阳光康养胜地"。自古以来是"南方丝绸之路"上重要的交通枢纽和商贸物资集散地，是四川通往南亚、东南亚的最近地区，被誉为"四川南向开放门户"。

　　攀枝花是以汉族为主、多民族聚居的移民城市，在这块得天独厚、人杰地灵的土地上，各民族相依相存，创造了丰富多彩、绚丽斑斓的非遗文化。攀枝花拥有各级非遗项目百余项，"一步跨千年"的新山傈僳族，有最美好、最特殊的爱情节日——傈僳族约德节；有堪称彝家奇葩，六百多年古老而神奇的迤沙拉谈经古乐；有距今三四百年历史，表现彝族人火热奔放性格的阿署达彝族打跳舞；有将民族节日、民族歌舞、礼仪、服饰融合一体的傈僳族婚礼；有仡佬族人最重要的节日，沿袭至今的祭祀神灵、祖宗、崇拜自然、庆祝丰收、辞旧迎新、保佑平安的传统盛典——仡佬族送年节；也有堪称中华一绝，攀西奇葩的苴却石雕刻技艺；还有米易独特的民间饮食文化与技艺——米易铜火锅和甘蔗皮酿酒技艺……让我们一起去感受四川南向门户独特的非遗文化吧！

三、非物质文化遗产项目介绍

1. 阿署达彝族打跳舞

四川省第二批省级非物质文化遗产名录
申报县区及单位：攀枝花市东区文化馆

攀枝花市东区银江镇阿署达村是散落于深山之中的一颗明珠。这里原住民的先祖为明朝重臣，于洪武年开滇之时来到云南，后因犯错被流放到现在的阿署达地区，早期以打猎为生。其后代散居于金沙江沿岸的阿署达、倮果、密地、沙坝等地。

流传于阿署达地区的彝族打跳舞与金沙江两岸各族的"锅庄"既同源而又自成体系，已有三四百年的历史，是研究大、小凉山民族舞蹈渊源及发展的珍贵素材，是金沙江文化的重要组成部分。其曲调多样，民族音乐个性鲜明，时而刚劲有力，时而舒缓深情；时而热烈奔放，时而活泼俏皮。舞步变换复杂，分三脚、四脚、五脚以至九脚，同时辅以勾、踢、盘、跳、踏等，动作舒展有力、粗犷大方，表现出彝族人火热奔放的性格。原有曲调上百曲，历经几百年的变迁，现尚存能吹能跳的曲调仅四十余种，有"一根竹子砍三刀调""四脚儿刨土调""蚕豆芽调""马调""黄鹰闪翅调"等（图4-1）。

图4-1　阿署达彝族打跳舞

2. 大田镇板凳龙

四川省攀枝花市第一批市级非物质文化遗产名录
申报县区及单位：攀枝花市仁和区文化馆

传说在清朝同治年间，仁和区大田镇的银鹿村住着一户赫姓夫妇，夫妇俩老来无子，便到庙里求佛。由于山高路远，老夫妇走得十分困倦，到寺庙时，不由得说了一句："终于走到了，把我的脚都走大了！"果然佛随人意，后喜得一子，却天生一双大脚，取名为赫友禄。由于脚大，人们都叫他赫大脚。赫大脚生性聪颖，特别喜欢唱歌。十来岁时，杨家地主派他到元谋学艺，几年的时间，吹、拉、弹、唱门门精通，回村后成了银鹿村第一位民间艺人。他召集本地村民就地取材，制作板凳龙进行舞龙表演，并一直流传下来。

板凳龙即把龙扎在板凳上，龙用竹子或稻草编成，蒙上彩色的布料，三人合舞一条板凳龙，前面两位是女子，后面一位则为男子。表演时，女性的阴柔之美和男性的阳刚之气合而为一，尽显板凳龙的独特魅力。农闲时，村民们喜欢组织起来跳板凳龙舞，在田间小道、农家院坝都能看到村民把这似龙的板凳举在手中，时而旋转、时而翻滚，在鼓点声中挥洒热情，挥舞出丰收的喜悦和对美好明天的希望。

舞板凳龙阵容可大可小，两三条板凳可以成舞，几十条甚至几百条板凳龙聚在一起则能表现出恢宏磅礴的气势。近年来，文化工作者将挖掘出的板凳龙编排后在"四川省首届冬旅会开幕式""四川省少数民族运动会开幕式""四川省农民健身展示大会"

等大型活动上展示，赢得了多方好评（图4-2）。

图4-2　大田镇板凳龙

3. 甘蔗皮酿酒技艺

四川省攀枝花市米易县第二批县级非物质文化遗产名录

申报县区及单位：攀枝花市米易县文化馆

甘蔗酿酒又称渣皮酒。甘蔗有两种，皮色深紫近黑的甘蔗，俗称黑甘蔗，性质较温和滋补，喉痛热盛者不宜；皮色青的青甘蔗，味甘而性凉，有清热之效，能解肺热和肠胃热。

甘蔗皮酿酒技艺的方法如下。

方法一：纯甘蔗发酵法。选取甘蔗洗干净打碎加入糯米甜曲，一斤粮食加入3克糯米甜曲，一般发酵8~12天，而且必须发酵完全才能过滤出来。

方法二：生粮混合发酵法。把甘蔗跟粮食混合发酵，选取甘蔗洗干净打碎跟大米混合搅拌均匀，加入高产酒曲，一斤粮食加入4克高产酒曲即可。发酵时间8~12天，具体的还要看发酵时的温度。甘蔗跟大米的比例可自己调节，甘蔗放得越多味道越浓，比例一般是30：100，即30斤甘蔗100斤大米。发酵完全后，即可用蒸酒设备蒸馏，得出的酒口感纯正，产量高，一般酒厂都采取此方法。

方法三：熟料混合发酵法。先把大米煮熟，摊凉至20°~30°，把甘蔗跟大米混合加高产酒曲搅拌均匀，一斤粮食3克酒曲，装桶发酵，发酵时间8~12天，发酵完全后，即可用蒸酒设备蒸馏出来。

方法四：把用第一种方法酿出的酒过滤出来，加入纯大米酒稀释，调酒度。可调节自己喜欢的酒度。

甘蔗白酒是采用纯甘蔗汁为原料，通过特殊工艺酿制而成。具有香型特别、品质纯正、不易上头（杂醇油含量低）等众多优点。

图4-3　甘蔗皮酿酒

4. 仡佬族送年节

四川省第三批省级非物质文化遗产名录
申报县区及单位：攀枝花市盐边县文化馆

盐边县的永兴古称"喇撒田"，于明朝嘉靖年间建立集镇，是茶马古道上一个重要的驿站。居住在该镇新民村（古称"巴鄂"，也称"八爱"）的仡佬族自称"耶倮"。

据本族老人口述：耶倮起祖居住在雅州（今雅安），明朝洪武年间有八兄弟因战乱颠沛流离来到喇撒田河谷，八人同时爱上了这个地方并留下定居，故取地名为"八爱"，距今有七百年历史。仡佬族认为：村子住着人，也住着神，人离不开神，神也离不开人，神树、神山、神灵是他们生命中的一部分。

"送年节"是耶倮沿袭至今的祭祀神灵和祖宗、崇拜自然、庆祝丰收、辞旧迎新、保佑平安、凝集族人的传统盛典，是仡佬人最重要的节日。每年正月初六，庇牟（汉语称东巴或和尚）指派年轻的后生上山采集七种不同的野花枝，打上掌盘，背上背篓，到村子里挨家挨户收集族人自愿捐出的钱物，购买鞭炮和祭祀用品。初七一大早，庇牟领着全族人，带上预先酿造的"哑酒"以及肉和祭品，一同来到村后林中一株青杠、黄桷、夜蒿为一体的千年古树下，在树上挂上羊头和红绸带，支大锅煮"百家肉",用七色花枝搭祭祀神坛,用咂酒、猪肉及祭品祭祀,乞求神灵保佑族人安康,来年风调雨顺、六畜兴旺、五谷丰登。凡年龄满12岁以上女性不能进入祭祀场地。

庹牟烧香拜祖后,开始唱祭祀歌,其大意为:我们住在高山,离天最近,离祖先灵魂最近,远离战乱,相亲相爱;我们住在密林,找吃食最近,离亲人最近,远离纠纷,互帮互助……祭祀过后,在铺有松毛的地上摆上"百家肉",斟上咂酒,族人开怀畅饮。老者聚在一起商谈族中大事和传承事宜,妇女们拿出自家刺绣、鞋垫、香包相互赠送祝福,青年们则用火枪、弓箭打靶取乐。夜晚,族人们围着篝火尽情地跳锅庄舞,通宵达旦地狂欢庆祝节日(图4-4)。

图4-4　仡佬族送年节

5. 苴却砚雕刻技艺

四川省攀枝花市第三批市级非物质文化遗产名录
申报县区及单位:攀枝花市敬如石艺有限责任公司

苴却砚原石材名为苴却石,产于攀枝花市仁和区平地镇与大龙潭乡之间。苴却石多藏身于万丈悬崖之上,地形险峻,开采艰难,它的石材、石质、石品集中国四大名砚优点于一体,堪称中华一绝、攀西奇葩。

苴却砚雕刻工艺历史悠久,有着几百年的历史。苴却砚雕刻精美,图案栩栩如生,体现了中国精美绝伦的传统石雕技艺,是极具中国特色的艺术品。清咸丰年间,现攀枝花市大龙潭乡和平地镇一带苴却石产地附近工匠制砚已成系统。1909年,大姚县苴却巡检宋光枢,取砚三方赴巴拿马万国博览会一举获选,苴却砚开始名震中外。而后因战乱及地理位置偏僻、交通运输不便等诸多因素而匿迹多年，直到20世纪80年代，随着攀枝花地区的开发建设，沉寂多年的苴却石材，在各方的努力下，再次被挖掘出来，得以开发保护并重放异彩。

苴却砚是"发墨好、下墨快、宜书画、不损毫"的极品石砚，受到市场极大青睐。近年来，随着石砚的观赏、收藏价值日益提高，攀枝花的艺术家们又创造了苴却石壁挂、摆件、茶盘、文镇、印章、烟缸、笔筒等艺术新品，旅游纪念品，深受人们喜爱。苴却砚跻身于中国名砚行列，成为历次中外名砚大展中不可缺少的砚种。如今，苴却砚已经成为攀枝花的文化高标，是攀枝花最具特色的文化代表（图4-5）。

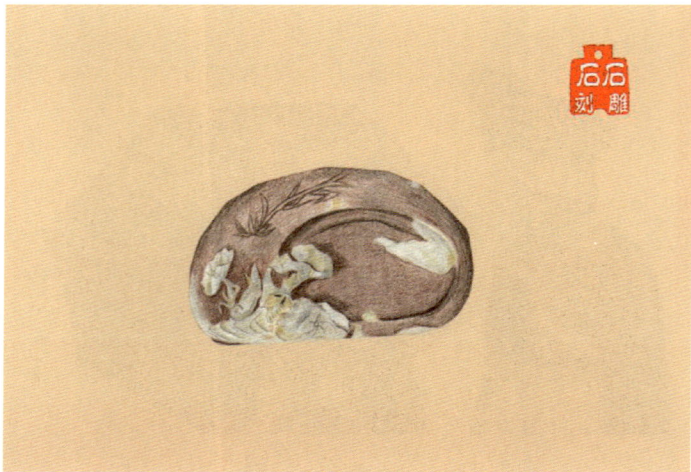

图4-5　苴却砚雕刻

6. 傈僳族婚礼

四川省第三批省级非物质文化遗产名录

申报县区及单位：攀枝花市盐边县文化馆

傈僳族认为土地在于承载万物，婚姻的根本是延续人类并传承先辈意志。盐边县箐河傈僳族乡的傈僳人，至今仍然保留着他们传统的婚礼习俗。傈僳族家庭为父系一夫一妻制，婚姻由父母包办。儿子娶亲、女儿出嫁后就与父母分居独立生活，幼子和独子留在父母身边承传家业。傈僳族同姓氏、同宗族禁婚，可以开姑表、姨表和舅表亲，保存换亲遗俗。女子15岁后便"成年"，可定亲。往往由男家舅舅、姑爷或弟弟、老表担任"瓦喇帕"（媒人），带礼品到女家做媒唱"说媒歌"议亲。

迎娶时由东巴先生选择"吉日",媒人率接亲队伍到女方家,对歌、跳锅庄狂欢,第二天接亲上路。女方家发亲时,由葫芦笙手吹奏葫芦笙带领送亲队伍到男方家。上坡、下坎、过沟、过桥时,媒人与送亲客都要对歌。进入男家后,天黑举行婚礼,跳篝火锅庄舞,屋内烧杠香和豆瓣香避邪。第三天新娘、新郎送走客人就到女方家回门,待回门转来才能同房。整个婚礼为三天,第一天称为"相帮",第二天为"正酒",第三天称为"复原"。婚后一段时间,男家要向女家送四件礼品,女家需回赠牛羊。生儿子时,女婿抱一只公鸡到岳家报喜,生女儿抱母鸡报喜。若夫妻感情破裂,便各自一方,相互不来往;如丧偶,男可再娶,女可再嫁;哥哥和弟媳,弟弟和嫂嫂,只要双方愿意便可以转房。

傈僳族婚礼整个过程极富传统,将民族节日、民族歌舞、民族音乐、民族礼仪、民族服饰展示融为一体,是傈僳族生活的重要组成部分,是傈僳族民族文化的典型表现(图4-6)。

图4-6 傈僳族婚礼

7. 四川洞经音乐(迤沙拉谈经古乐)

四川省第二批省级非物质文化遗产名录
申报县区及单位:攀枝花市仁和区文化馆

在"中国历史文化名村""中国俚濮彝族第一寨"——攀枝花市仁和区平地镇迤沙拉村,流传着一种独特的洞经音乐,被称为"迤沙拉谈经古乐"。谈经古乐又称"洞音""儒门洞音""赕经调子",因以《太上无极文昌总真大洞仙经》为其主要唱诵经文而得名,是一个主要在川、滇地区流传的古老乐种,沿于道教的宗教祭祀仪式,后为儒、释、道三教共用，进而流传到民间，为普通老百姓所用，数百年久传不衰。据史料记载，在四川西南角与云南相邻的部分地区，最迟自清代中晚期便有洞经音乐流传。

　　流传在攀枝花市迤沙拉一带的谈经古乐不是纯粹的洞经音乐，它既有洞经音乐的传承，也有宫廷音乐的悠扬婉转，还有江南水乡的小调韵味。这是因为迤沙拉的彝族俚濮人祖先是在公元1385年前后陆续从南京应天府、湖南长沙三阴县等地作为军人受命军屯的其中一部分，以南京应天府的居多。他们带来家乡的文化，与当地土著彝族文化交融，这也是迤沙拉谈经古乐与其他洞经音乐有别的根源。谈经古乐以其独特的艺术感染力深受民间喜爱，逐渐被推广运用在民间的各种庆典活动中，如庙会、寿宴、丧葬仪式等，成为俚濮人生活中不可缺少的组成部分。其演奏形式以齐奏为主，内容包括反映生产、生活、战争、风俗的民间欢乐古乐曲，是表达俚濮人宗教信仰、祭祀神灵、祈求上苍赐予幸福的民间谈经古乐曲（图4-7）。

图4-7　迤沙拉谈经古乐演奏

8. 铜火锅烹饪技术

四川省攀枝花市米易县第二批县级非物质文化遗产名录

申报县区及单位：攀枝花市米易县文化馆

　　用铜制作的特制锅烹饪，以木炭为燃料，原料主要是土鸡、火腿、肉丸、新鲜蔬菜等，风味独特，深受八方食客欢迎。其代表是米易铜火锅。火锅源自上古，在公元前150年左右的《韩诗外传》中记载着的"击钟列鼎"而食，就是火锅的萌芽。北齐

《魏书·獠传》记载："铸铜为器,大口宽腹,名曰铜爨。既薄且轻,易于熟食。"其中的铜器被认为是铜火锅。

米易铜火锅包括底盘、锅身、火座、铜盖、火筒、小盖六个部分,有人推断,米易铜火锅可能是从山西传过来的。关于米易族源,民间一直口口相传着一首妇孺皆知的民谣:"问我祖先在何处,山西洪洞大槐树。祖先故居叫什么?大槐树下老鸹窝。"在四川省凉山彝族自治州会理县则有这样的记载:明太祖朱元璋为平定元末叛军余孽,在会理实行军屯,中原一带的士卒带来的中原先进技术、文化,与会理地区特有的红铜巧妙结合,加上特产的天然食材,便衍生了独具特色的会理铜火锅。而米易安宁河沿岸大部分地区在很长一段时期都是会理的辖区。时至今日,人们认为米易铜火锅实际上就是会理铜火锅的扩展。作为餐具的铜火锅,过去是一些人家送给女儿的陪嫁,也是父母给分家另过子女的一份财产。现在,生产铜火锅的技艺在米易县已基本消失,所需无一例外地从会理购进。2009年,这种传统制作艺术被列为四川省非物质文化遗产名录,铜火锅烹饪技艺进入米易县县级非物质文化遗产名录项目,有了代表性传承人。

米易铜火锅源自民间,居民经常用铜火锅煮食物,补充体内铜元素,在一定程度上能够预防心血管、骨质疏松症和痛风、少白头等疾病,是普通百姓的最爱。如今,铜火锅已经成为小城引以为豪的一张名片,其特有的烹饪技艺进入了米易县县级非物质文化遗产名录(图4-8)。

图4-8 铜火锅烹饪

9. 新山傈僳族约德节

四川省第一批非物质文化遗产名录
申报县区及单位：攀枝花市米易县文化馆

米易县新山乡是一个傈僳族乡镇，这里居住的傈僳族人大多数是于明、清时期从云南丽江地区迁入的。新山乡的傈僳族是一个一步跨千年的民族，至1950年解放时，他们还处于原始公社状态，没有阶级、剥削，没有私有财产的观念，以打猎和采集为生。新中国成立后，在党和政府的大力扶持下，这里的傈僳族人才开始种植粮食，养殖牲畜家禽，逐渐融入现代社会。

每年的农历三月三是新山傈僳族人的"约德节"。"约德"是约会的意思，"约德节"就是约会节，即我们所说的情人节。阳春三月的新山，万物复苏、百鸟争鸣，漫山遍野的马缨花次第开放，缤纷绚烂的花朵争奇斗艳，景色美不胜收，正是最适合谈情说爱的季节。

"约德"节来临，家家户户的青年男女都精心地打扮自己，姑娘们穿上华美的盛装、小伙子带上心爱的葫芦笙齐聚到一起，唱起优美的山歌，吹起多情的葫芦笙，跳起欢快的锅庄，传递着他们对美好生活的热爱，有情人则趁此良机互诉衷肠，表达爱意（图4-9）。

图4-9　新山傈僳族约德节

四、拓展链接

盐边县境内的百灵山脉，群山叠嶂，林木葱茏，终年阳光漫射，云雾缭绕，雨量充沛，气候独特。百灵山海拔3000米左右，十分有利于茶树生长，名闻遐迩的国胜茶就出产在此。

国胜茶以绿茶为主，每到采茶季节，茶农们采摘嫩尖、嫩芽、嫩茶叶，趁鲜经优选后，使用世代传承的揉、搓、烘、烤、去水、出香等传统工艺加工，制出形美、叶嫩、汤清、胥长、味醇、回甜，带有纯天然兰花香味的国胜茶。国胜茶的种植、采摘、加工、饮用有着悠远的历史，可追溯到明末清初。历史上的盐边县是重要的茶马古道驿站，当时部分商人收购当地的茶叶后由马帮运出销往外地，再换成本地商品由马帮运回，国胜茶极大地繁荣了当地的经济文化。现今的国胜茶在传统工艺的基础上融入了现代工艺，茶品更胜一筹：观其形，芽头壮，片片如柳眉，色似翡翠；闻其味，散发出一股幽幽的浓香，香胜幽兰；品其质，入口醇香盈喉铭心，韵味悠长，堪称"绿色仙茗，茶中珍品"。其中"国圣茶""二滩云雾茶""百灵山绿茶"是国胜茶中的上品。

盐边国胜茶制作技艺于2014年7月由攀枝花市人民政府公布为第三批攀枝花市非物质文化遗产。

五、实践训练

1. 想一想

（1）简单叙述阿署达彝族打跳舞的主要来历和表演方式及特色。

（2）甘蔗皮酿酒主要有哪些工艺？

（3）仡佬族送年节的来历和主要民俗活动是什么？

（4）苴却砚最大的特点是什么？

（5）傈僳族婚礼的民俗都有哪些？

（6）每年的农历三月三是新山傈僳族人的"约德节"，约德节的主要民俗活动是什么？

2. 练一练

根据大田镇板凳龙的主要扎制流程，创意设计一条板凳龙，并把它舞起来。

模块二
云南地区非物质文化遗产

项目五　大理篇

一、案例导入

"56个民族，56枝花，56个兄弟姐妹是一家。"这首《爱我中华》是歌唱我国少数民族人民和汉族人民共同创造祖国未来的歌曲。云南省是我国少数民族最多的省，除汉族以外，有彝族、哈尼族、白族、傣族、壮族、苗族、回族、傈僳族等25个少数民族。

公元前109年（汉元封二年），西汉武帝时期，开西南夷，滇王降，设益州郡，领县27个。东汉在今保山设永昌郡，也属益州部，对云南的管辖进一步深入，中国在云南西部地区的疆域已大体奠定。到公元937年，段思平联合三十七部灭大义宁国，建立了大理国政权。大理国政权在云南的统治基本与中原的宋朝相始终，因此"南方丝绸之路"沿线地区得到了很好的商业发展。

作为云贵高原的组成部分，古时因交通不便，地貌对文化传播及经济发展都有很大的影响，但也因此文化的流失减少了很多，像"彝族跳菜""白族扎染技艺""苗族服饰""傈僳族服饰""傣族、纳西族手工造纸技艺"等大量的云南本土文化被很好地保存了下来。

二、内容提要

大理，地处云南省西部，中国首批十大魅力城市之首，国家级历史文化名城，首批中国优秀旅游城市。大理是古代南诏国和大理国的都城，是古代云南地区政治、经济和文化中心，云南青铜文化从大理发源，"南方丝绸之路""茶马古道"在这里交汇。大理是以白族为主体的少数民族聚居区，多民族形成了大理的多元文化，南诏国和大理国的历史奠定了大理滇西文化中心的地位，远离中原现代文明使得这里的传统手工技艺得以保留传承。

　　大理拥有各级非遗项目三百余项，其中有古老而富有魅力的大理白族扎染技艺，一千多种纹样是千百年来白族历史文化的缩影；有白族音乐歌舞艺术的大展演，大理白族盛大的传统节日——白族绕三灵；有集舞蹈、音乐、杂技与饮食为一体，彝族民间独特的上菜形式，饮食文化之奇葩——跳菜；有"谁道人生好滋味，一苦二甜三回味"的大理白族三道茶；有云南西部最为古老而繁荣的贸易集市，千年不衰的盛会——大理三月街；有将北方建筑的恢宏大气和南方建筑的精巧融为一体的白族民居彩绘；有白族歌舞类非遗中唯一的打歌类遗产，以鼓点声和脚踏地的节奏声为伴奏的白族力格高；有神秘的婚俗傩仪活动——耳子歌；还有供民间祭祀鬼神用的甲马、旋律悠扬的弥渡民歌、防身驱虫的白族布扎、传承百年的平川朱苦拉咖啡制作技艺……

　　大理历史悠久，文化底蕴丰富。作为以白族为主体的少数民族聚居区，白族风情多姿多彩，风俗习惯具有鲜明的地方民族特色，让我们一起走入独具大理地域民族特色的非遗世界吧！

三、非物质文化遗产项目介绍

1. 霸王鞭

云南省第四批省级非物质文化遗产名录
申报县区及单位：云南省大理白族自治州大理市非物质文化遗产保护管理所

　　白族的霸王鞭（图5-1）是白族民间七十四种舞蹈里最具代表性和流行最广的舞蹈，它不仅在"绕山林""闹春节正月""田家乐"三种民俗中存在，而且在建房嫁娶或喜庆佳节中都有表演。霸王鞭舞蹈渗透着白族的历史变迁、宗教活动、民族习俗和文化娱乐，具有古朴幽默、典雅刚健、欢快明朗、清新活泼等诸多特点，反映了白族人民勤劳勇敢、纯朴善良、团结进取的精神。

　　白族霸王鞭充满着喜庆欢乐的气氛。霸王鞭用约一米长的空心竹或扁形木条，凿约十厘米长的四至五个孔，每孔内装两组铜钱，每组用两至三枚。它是一种摇击奏乐器，演出时持杆，以两端随舞碰击身、膝或肘发声，伴歌舞。跳舞动作要领包括了"承""旋""含""拧倾""颤"，对身体姿势及呼吸气法、动作等均有要求。

图5-1　霸王鞭

2. 白剧

第二批国家级非物质文化遗产名录

申报县区及单位：云南省大理白族自治州民族文化工作团（大理白族自治州白剧院）

白剧是云南省大理白族自治州地方传统戏剧，由明代洪武年间从内地传入大理地区的吹吹腔戏和大本曲剧合流而形成。清代光绪年间，吹吹腔戏的演出在白族农村极度兴盛，渔、樵、耕、读等各种戏剧人物风趣幽默的表演，生动地展现出白族耕读传家的生活风貌。1962年，白族古老的戏剧样式正式定名为"白剧"。白剧唱词形式基本上采用白族诗歌常用的"山花体"，用白语和汉语演唱，唱腔曲调有三十多种，表演节奏鲜明，规律严谨，比较古朴，有严格而固定的程式（图5-2）。

图5-2　白剧表演

白剧剧目丰富，目前已知的共有四百多个，其中传统剧目三百多个，新中国成立后新创剧目八十多个，整理改编剧目五十多个。目前，白剧和吹吹腔、大本曲一样，在白族民间仍然十分活跃，以原样的形态向广大群众展现着它生生不息的艺术活力。

3. 白族布扎

云南省第二批省级非物质文化遗产名录
申报县区及单位：云南省大理白族自治州剑川县文化馆

布扎刺绣饰物是中华民族的传统民间手工艺制品，历史悠久。剑川白族艺人善于吸收汉族及其他民族的文化精华，为己所用。白族妇女制作的布扎既有刺绣的风格，又有布扎的味道。选取的题材多为十二生肖、白族民间传说、历史人物和代表吉祥如意的物品。剑川地处边地，古时毒蛇、蚊虫颇多。为祈求平安，防身驱虫，人们就把麝香、雄黄等中草药缝在小囊内随身佩带，后来逐渐演变为布扎工艺品。布扎饰物选用各色碎布头为制作材料，先按设计草稿缝成雏形，并留活口，然后填入艾叶等香草，再用丝线刺绣装饰。在布料的选择及彩线的搭配上较为注意原色的对比，给人以热烈明快的感觉。在造型上充分运用布扎的特点，大多采用夸张变形的手法，尽量弥补布扎在造型上的局限，使布扎饰物在稚拙中透出可爱生动（图5-3）。

图5-3　白族布扎

4. 白族吹吹腔

第五批国家级非物质文化遗产名录

申报县区及单位：云南省大理白族自治州云龙县

云龙白族"吹吹腔"的出现距今约有五百年的历史，主要靠师传和家传传承。

"吹吹腔"（图5-4）又名"吹腔"，俗称"板凳戏""唢呐戏"，是中国少数民族白族传统戏剧，具有鲜明的民族风格和地方色彩，流行于大理、邓川、洱源、剑川、鹤庆、云龙等白族聚居区。行当分工相当细致，"生、旦、净、丑"俱全，表演讲究手、眼、身、法、步，有一套完整的程式及身段谱，步法与唢呐旋律相适应，舞蹈性特别强。其戏文内容少数是白族的，多数是汉族的。吹吹腔以唱、吹为主，吹又以唢呐为主要器乐吹奏过门，故又称"唢呐戏"。吹吹腔每唱四句为一段，唱词格式为"三七一五"山花诗体。2006年3月，云龙县的吹吹腔艺术列入了云南省第一批省级非物质文化遗产名录，这将进一步促进白族吹吹腔艺术的传承和保护。

传统吹吹腔节目以历史典故为题材，如《崔文瑞砍柴》《火烧磨房》《竹林拾子》《三出首》等。现代吹腔戏反映白族人民崇尚文明、对美好生活的向往之情，讴歌和赞美大自然，赞美新时期的好人好事，主要节目有白族吹吹腔小戏《人勤花茂》《喜兆三元》《鸡鸣茶香》《见面礼》等。

图5-4　白族吹吹腔表演

5. 白族力格高

云南省第四批省级非物质文化遗产名录

申报县区及单位：云南省大理白族自治州云龙县文化馆

　　"力格高"广泛流传于云龙山地白族地区，是该地区一种原生态的集体育运动和娱乐于一体的集体舞蹈。白族群众在举办婚喜事时，人们到主人家帮忙、做客，晚上就围着火堆跳起力格高舞蹈来庆贺主人。当夜幕降临时，人们便在院场里燃起熊熊篝火，男女老少以火堆为中心围成圆圈，领舞人在前面发号施令，其他人则随后而舞。其舞蹈动作矫健，步调整齐合拍（图5-5）。

图5-5　白族力格高

　　力格高的特点是没有音乐伴奏，而以鼓点声和脚踏地的节奏声来左右舞蹈的节奏，利用手、腰肢与脚力，力量在于脚，有节奏地跳着"踏、踏……"的动作。动律特征是微含胸，双膝稍屈，足踏地有力，多以腰为主要的挺、摆、屈身动作，双臂大幅度自然摆动，节奏强烈、中速稍快。力格高共有三十六个动作，多是模拟生产劳动和畜禽的原始动作。在山地白族地区，跳力格高是一种自发的群体文化活动，在社会生活中占有重要地位。"力格高"在民间代代相传，至今不衰。

6. 白族绕三灵

第一批国家级非物质文化遗产名录

申报县区及单位：云南省大理白族自治州非物质文化遗产保护中心

白族绕三灵是大理白族的一个盛大的传统节日，也是一种富有生活气息的白族群众性歌舞。白族绕三灵起源于唐朝，每年农历4月23~25日，生活在苍山洱海一带数百个村庄的白族民众，以村庄为单位，携带祭祀用具和简单的行李以及食品、炊具等，自发组成"绕三灵"祭拜队伍，从四面八方赴会。"绕三灵"一般持续三天，是白族民间文化的大荟萃，是各种音乐歌舞艺术的大展演，充分展示了洱海地区白族民间艺术丰富多彩的盛况（图5-6）。

图5-6　白族绕三灵

7. 白族扎染技艺

第一批国家级非物质文化遗产名录

申报县区及单位：云南省大理白族自治州大理市非物质文化遗产保护管理所

扎染古称"绞缬"，一般以棉白布或棉麻混纺白布为原料，染料主要是植物蓝靛（板蓝根）。2006年5月20日，白族扎染技艺经国务院批准列入第一批国家级非物质文化遗产名录。扎染技艺的主要步骤有画刷图案、绞扎、浸泡、染布、蒸煮、晒干、拆线、漂洗、碾布等，其中主要有扎花、浸染两道工序，技术关键是绞扎手法和染色技艺。染缸、染棒、晒架、石碾等是扎染的主要工具（图5-7）。

图5-7　白族扎染制品

8. 茶俗（白族三道茶）

第四批国家级非物质文化遗产名录
申报县区及单位：云南省大理白族自治州大理市非物质文化遗产保护管理所

白族三道茶，白族称它为"绍道兆"。这是一种宾主抒发感情，祝愿美好，富于戏剧色彩的饮茶方式。喝三道茶，当初只是白族用来作为求学、学艺、经商、婚嫁时长辈对晚辈的一种祝愿，如今应用范围日益扩大，成了白族人民喜庆迎宾时的饮茶习俗。所谓"三道茶"，指的是在迎客时，主人会向客人依次敬上的苦、甜茶和回味茶三种茶。

第一道茶滋味清苦幽香，被白族人称为"清苦之茶"，暗指人生苦境，寓意只有敢于吃苦才能成就一番事业。

第二道茶是往土罐中放入生姜片、红糖、芝麻、核桃片和乳扇等食材，注入开水，煮成甜茶。甜茶甜中带香，饮用时需要用匙。白族人称这道茶为"甜茶"或"糖茶"，有滋补功效，寓意先苦后甜、苦尽甘来，表达对客人生活美满的祝福（图5-8）。

喝完第二道茶之后，主人会继续将蜂蜜、生姜片、花椒、桂皮等放入土罐中烹煮成第三道茶——"回味茶"。回味茶甜、麻、苦、辣，各味俱全，具有温胃散寒、润肺祛痰的功效，让人回味无穷，告诫人们要时时回味人生中的酸甜苦辣，铭记苦尽甘来的人生哲理。

2014年11月，"白族三道茶"经国务院批准列入第四批国家级非物质文化遗产名录。

图5-8　白族三道茶

9. 大理三月街

第二批国家级非物质文化遗产名录

申报县区及单位：云南省大理白族自治州大理市非物质文化遗产保护管理所

大理三月街是白族人民盛大的传统节日，主要活动地在云南省大理白族自治州大理市大理古城。它始于唐代永徽年间，系由庙会演变而成，其产生与佛教在大理的传播有着密切的关系。三月街街期为七天，从农历三月十五日开始，至二十一日结束。每年赶赴三月街的人数以百万计，全国各地及海外都有人参加（图5-9）。

图5-9　大理三月街

三月街期间开展丰富多彩的民族文体活动，同时进行物资交易和文化交流。大理三月街除保留有传统的药材、大牲畜、日用百货的交易外，还新辟出"洋人街"和地方民族食品一条街，并增设了珠宝玉器、电脑产品等交易市场，扩大了地方名特优新产品的销售规模。三月街期间，大理古城张灯结彩，装饰一新，街市上搭出"花山"，各家各户也在门前放置花木，将集风花雪月自然风光和人文景象为一体的大理装饰成娱乐的世界、商贸的海洋。人们既可以赶街购货，又可以在街旁的山坡、广场和集市里参与山歌对唱、民族器乐演奏、灯展、花展、民族服饰表演及射弩、秋千、摔跤、赛马、龙舟、民族歌舞比赛等异彩纷呈的文体活动。

10. 耳子歌

第四批国家级非物质文化遗产名录
申报县区及单位：云南省大理白族自治州云龙县文化馆

"耳子歌"又名"装饰红"。白语"耳子"意为憨子，"歌"意为舞。它起源于检槽地区山地白族聚居区，至今农村中只要有办婚事的都要表演耳子歌，属于民间傩仪文化表演（图5-10）。

图5-10　耳子歌表演

耳子歌的表演旨在传承道德文化，提示"人之初"的奥妙，祈求夫妻和合、幸福，家运繁昌的纯朴道理，是人类繁衍生息的理念传递。整个活动分三场，第一场"耳子闹宴"，分别以"三吹三打""狮子贺棚""央客入席""上菜舞""耳子抢红肉"

等展开。第二场"耳子闹婚",有"拦彩门""拜喜神"(生殖崇拜)、"点菜名""耳子舞""审案"等表演。第三场"耳子祈福",有"祭土神""起五方土""送土神"等表演。

耳子歌活动需30分钟左右。对白和点菜名的诙谐语言不时引起场上阵阵掌声和笑声,在愉悦的活动中使观众得到"做人"的基本道理和"家和万事兴"的传家法宝。

11. 甲马

云南省第四批省级非物质文化遗产名录

申报县区及单位:云南省大理白族自治州大理市非物质文化遗产保护管理所

甲马又名纸马或甲马纸,汉族民间祭祀财神、月神、灶神、寿星等神祇时所使用的物品。古人祭祀用牲币,秦俗用马,唐代玄宗以后始以纸马祭祀鬼神。据《清稗类钞·物品类》"纸马"一节记载,甲马原称纸马,起源于唐朝,是手绘的彩色神像,因为上面的神像大多披甲骑马,所以又称甲马。到了宋朝,雕版印刷普及,甲马成了五色套印的彩色印刷品,历经元、明、清三代而不衰。白族先民很快引进了汉族的"甲马",用这一形式来表现自己的传统文化、民族意识。

云南甲马主要流传于汉族、白族、彝族的宗教活动中,尤其在大理白族地区广为流传,白族民间也称其为"纸符""纸马""纸火"等,逐渐发展成为白族独特的本主崇拜活动中的祭祀用品和日常生活中的辟邪用品,甲马的内容和形态造型也演变成了独具云南地域特色的民间版画艺术形式(图5-11)。

图5-11 甲马

12. 建筑彩绘（白族民居彩绘）

第二批国家级非物质文化遗产名录

申报县区及单位：云南省大理白族自治州大理市非物质文化遗产保护管理所

建筑彩绘是一种相当宽泛的说法，它的一层含义与人们通常的理解相同，是指利用色彩、涂料、油漆等原料在建筑物墙体上平面描绘图像；另一层含义则是指借助土、石、木、布、纸、陶等材料对建筑物及其内部陈设进行装饰。大理市白族民居彩绘普遍流行于大理市及周边白族地区。白族建筑彩绘是在建造王宫、寺庙的过程中，工匠对建筑进行一定的装饰绘画基础上产生的。它内涵丰富，形式讲究，风格朴素而不失庄重，不仅用以进行神祠、庙宇和大型古建筑群体的装饰，而且广泛应用于白族民居建筑。

白族建筑要求"屋不显材、墙不露形"，彩绘的作用尤为重要。白族民居彩绘图案主要有香草纹、如意云纹、回纹以及各种吉祥图案如"渔樵耕读""火龙吐水""牡丹卷草相缠""流云飞鹤"等（图5-12）。白族民居彩绘洋溢着浓郁的民族风情，成为白族文化与汉族文化交流的印证。这些民居彩绘大幅增强了房屋建筑的美感，生动地反映着白族人民健康向上的民族精神。

图5-12　白族民居彩绘

13. 弥渡民歌

第三批国家级非物质文化遗产名录

申报县区及单位：云南省大理白族自治州弥渡县文化馆

弥渡民歌是指流传于云南省弥渡县境内的汉族和少数民族歌典。弥渡民歌以师传、家传、自学为传承形式。弥渡民歌内容丰富，形式多样，真实反映了人民群众的生产生活和思想情感。以民族分类可分为汉族民歌和少数民族民歌两类，以音乐体裁则分为山歌、小调、舞蹈歌、风俗歌等类型，曲调极为丰富，旋律婉转悠扬。山歌类代表性曲调有《小河淌水》（图5-13）《弥渡山歌》等；小调有《赶马调》《绣荷包》等；舞蹈歌有《十大姐》和多种《打歌调》；风俗歌有《迎亲调》《送亲调》《哭亡调》《指路歌》《祭祀歌》等。

图5-13　弥渡民歌《小河淌水》演唱

14. 木雕（剑川木雕）

第三批国家级非物质文化遗产名录

申报县区及单位：云南省大理白族自治州剑川县文化馆

剑川木雕已有一千多年的历史，具有浓郁的地方民族特色。根据史料记载，唐代时，剑川木匠就承担了南诏五华楼木雕构件的制作工作；宋代时，曾有剑川木雕艺人进京献艺，轰动京华。清代学者张泓在其《滇南新语》中记述："滇之七十余县及邻滇之川黔桂等省，善规矩斧凿者，随地皆剑民也。"可见当时剑川木雕木匠之众多，流传之普遍。

现今已发展成嵌石木雕家具、工艺挂屏和座屏系列、格子门系列、古建筑及室内装饰装修、旅游工艺品小件、现代家具六个门类二百六十多个花色品种，是集艺术价值、观赏价值、珍藏价值和实用价值于一身的传统文化产品。

剑川木雕充分展示了白族人民高度的艺术水平和文化涵养，将原有粗犷、豪放的风格和江南木雕的细腻、精巧等融为一体，成为全国木雕重要派别之一（图5-14）。

图5-14　剑川木雕

15. 平川朱苦拉咖啡制作技艺

云南省第四批省级非物质文化遗产名录

申报县区及单位：云南省大理白族自治州宾川县文化馆

据史料记载，清光绪三十年（1904年），法国天主教传教士田德能（中国名）神父到宾川传教，在朱苦拉村修建了天主教堂，并引进种植了从越南带入的咖啡苗，之后又培育了更多的咖啡树，栽种在教堂周围。从那时开始，朱苦拉村开始了咖啡种植（图5-15）。

现在朱苦拉村有1134株古咖啡树，其中100年以上的老咖啡树有24株，其余咖啡树树龄均在60年以上。田德能神父在传教的同时也将喝咖啡的习惯带到了朱苦拉村，村民自种、自磨、自煮咖啡，保存了完整的咖啡土法加工、制作和饮用习惯，并与当地的"彝族打歌""长桌宴"等习俗结合起来，形成了独特的山区咖啡文化。

图5-15　平川朱苦拉咖啡种植

16.彝族跳菜

第二批国家级非物质文化遗产名录

申报县区及单位：云南省大理白族自治州南涧彝族自治县文化馆

彝族"跳菜"，即舞蹈着上菜，是彝族民间的一种宴会上菜的形式，也是在宴请宾客时候的最高礼仪。宴会一般在婚礼庆典、新房落成、老人生日和老人葬礼服务期间举行。它是云南无量山、哀牢山彝族民间一种独特的上菜形式，是一种历史悠久的舞蹈、音乐、杂技与饮食完美结合的传统饮食文化。

"跳菜"雅称"捧盘舞"，俗称"抬菜舞"。表演过程分为"宴席跳菜"和"表演跳菜"两种形式。"宴席跳菜"也叫"实地跳菜"，是南涧民间在生活中的一种重大庆典，为喜庆或喜悦增添了一种欢乐祥和的气氛；"表演跳菜"即舞台上表演的跳菜，根据场地大小增减演员，可从几十人到几百人，舞蹈动作粗犷豪放、刚健有力，声音高亢嘹亮。跳菜的跳跃方式分为常规跳跃、空手叠跳和"口喂"三种（图5-16）。

2003年3月，国家文化部正式命名授予南涧县"中国民间跳菜艺术之乡"。

图5-16　彝族跳菜

四、拓展链接

1. 傣族、纳西族手工造纸技艺

元代时期，造纸术传入了云南丽江。在明代时期，大量的汉族工匠、艺人进入丽江而融入纳西族当中。同一时期，西藏的造纸法也被带到了丽江。元时来到丽江的汉人此后将造纸术即抄纸法与西藏的浇纸法在丽江纳西族地区融合，形成了今天的傣族、纳西族手工造纸技艺。

傣族、纳西族手工造纸技艺以家庭作坊方式进行生产，以父子传承为主要传承方式。傣族、纳西族手工造纸技艺制品为东巴纸，亦称"白地纸"，主要原料为当地独有的植物瑞香科丽江荛花，亦称"阿当达"。该技艺流程有采集原料、晒干、浸泡、蒸煮、洗涤、舂料、再舂料、浇纸、贴纸、晒纸等环节。工具有纸帘、木框、晒纸木板、木臼等。白地纸具有色白质厚、不易虫蛀、可长期保存等特点。

2006年5月20日，傣族、纳西族手工造纸技艺经国务院批准列入第一批国家级非物质文化遗产名录。

2. 剑川白曲

白族，是中国第15大少数民族，聚居程度较高，有民家、勒墨、那马三大支系，深受汉文化影响。白族有自己的语言，属汉藏语系藏缅语族彝语支。长期以来，白族人民与周边各民族相互往来，创建了灿烂的经济文化，白族艺术独树一帜。

剑川县位于云南省西北部，大理州北部，据史料记载已有一千多年的历史。

剑川白曲，既有刻画人物、表达情绪和渲染气氛的表现功能，又有代表白曲地方特色的标志功能，一直以质量高、品种全、曲调美、流传广而著称于世。清代的剑川白族诗人赵怀礼在其《朝山曲》中就真实记录了数百年前白曲演唱的状况。剑川白曲对白族语言、历史、民俗等的研究都具有宝贵的价值，为历史学、社会学、民族学、人类学、美学、考古学等学科提供了资料，被称为白族的百科全书。

剑川白曲的代表作品有《水牛叹》《爱字曲》《出门调》《黄氏女对金刚经》《鸿雁带书》《月里桂花》《石宝相逢遇知音》《你是墙头小麻雀》《竹叶沉重石头轻》《放鹞曲》等。

2014年11月11日，剑川白曲经国务院批准列入第四批国家级非物质文化遗产名录。

3. 石宝山歌会

唐《蛮书》卷八载："少年子弟暮夜游行间巷，吹壶卢（葫芦）笙，或吹树叶。声韵之中，皆寄情言。"由此可见石宝山歌会的历史可追溯到唐朝。

石宝山歌会有许多美丽的传说，其中以"曲神下凡"传说最为出名。相传在南诏时期，一位美丽的白族女歌手在宝相寺连续唱了三天三夜优美动听的曲子，最后在歌声中安然离世。当地人就说她是"曲神"下凡，尊她为"曲姆"，并为她在石宝山修建了坟墓。此后，凡是上石宝山对歌的人，无论男女，都要先到曲姆坟前磕头。据说这样才能唱得好，在对歌中就可以找到心爱之人。直到今天，每年在宝相寺和石钟寺都要搭起对歌台，白天歌手们登台对歌比赛，夜晚青年男女则在树林中、大石旁、火塘边唱调子互相表达爱情。就这样，有着浓郁的民族风情石宝山歌会流传至今。

石宝山歌会每年在农历7月27日至8月1日期间举行。是白族地区盛大的民族传统节日，数万人川流不息地上山，随心所欲地唱曲对歌，代代相传，被誉为"白族歌城"。歌会流行的"剑川白族调"已被收入国际著名民歌歌目之中。

2008年6月14日，石宝山歌会经国务院批准列入第二批国家级非物质文化遗产名录。

五、实践训练

1. 想一想

（1）为什么说白族的霸王鞭是白族民间七十四种舞蹈里最具代表性和流行最广的舞蹈？其表演形式是怎样的？

（2）白剧是云南省大理白族自治州地方传统戏剧，白剧是如何表演的？

（3）白族布扎主要的刺绣纹样是什么？表达了什么寓意？

（4）比起其他传统舞蹈，白族力格高这种舞蹈有何不同？

（5）简述"白族绕三灵"的主要民俗活动。

（6）白族扎染的主要工序是什么？最大的艺术特色是什么？

（7）中国茶文化博大精深，白族三道茶的主要特点和流程都有哪些？

（8）大理三月街是白族人民的盛大传统节日，请简述其主要民俗活动。

（9）耳子歌表演的主要寓意是什么？

（10）弥渡民歌的主要创作体裁都有哪些？

（11）剑川木雕已有一千多年的历史，其主要创作的产品涉及哪些领域？

（12）平川朱苦拉咖啡制作技艺的特色是什么？

（13）彝族跳菜的主要形式是什么？

2. 练一练

查阅文献资料，简述白族彩绘的主要纹样及艺术特色，试着自己设计创作一幅白族建筑彩绘作品。

项目六 保山篇

一、案例导入

南方丝绸之路又称"蜀身毒道"，从保山到腾冲分两路出境到缅甸，该段也被称作"永昌道"。2000年前的保山市是现在的保山市隆阳区。隆阳区位于云南省西部，保山市行政中心，地处怒江山脉尾部、高黎贡山山脉之中，镶嵌于澜沧江、怒江之间，东邻大理州永平县、保山市昌宁县，南接保山市施甸县、保山市龙陵县，西与保山市腾冲县相连，北与怒江州泸水县、大理州云龙县交界。

隆阳古称永昌，有"永世良久、昌盛繁荣"之义，又名兰城，是云南历史上开发较早的地区之一，历代边陲重镇，也是我国历史上通往印度、缅甸、伊朗等国的南方丝绸之路必经地。现如今，保山伸开双臂，构架着现代的南方丝绸之路。南方丝绸之路上的永昌古道从国内的末梢变成了伸向国外的前沿。

20世纪30年代初，一个年轻的美国人埃德加·斯诺受到13世纪意大利旅行家马可·波罗游记的诱惑，想只身一人从中国的滇西经缅甸到印度，去在他自己后来的文章中被喻为"人类学奇境"的地方，却又因某种恐惧而犹豫不决，此时他见到了一个美国人，这个人就是著名的人文学家、美国国家地理杂志特约撰稿人洛克。洛克把滇西描述成了地球上人类真正的乐园，这才最终让斯诺鼓起了经过滇西保山出缅甸入印度的决心。后来，他根据在云南沿途探访的经历和所见所闻写成见闻手记，辑成《埃德加·斯诺的云之南旅行》一书出版，1994年6月出中文版时翻译成《南行漫记》，2002年10月云南人民出版社辑成《马帮旅行》一书出版。

二、内容提要

保山，位于云南省西南部，处于滇西居中位置，是中国通往南亚、东南亚乃至欧洲各国的必经之地，是古代南方丝绸之路"咽喉"要地的边陲城市。古代保山为哀牢国首邑，东汉设为永昌郡，为当时全国第二大郡，宋时改设永昌府直至清末，历代是滇西边境地区经济、文化、政治的中心，是著名的"滇西粮仓"。在长期的交流与碰撞中，中原文化、边地少数民族文化、异域文化、侨乡文化、翡翠文化相互交融，形成了独具特色的哀牢文化、永昌文化。

保山现有各级非遗项目近二百项，有被称为将"彩云"穿在身上、用色大胆的昌宁苗族服饰；有曾与北京景泰蓝齐名，已有三百年历史，并称"南北铜艺双绝"的乌铜走银制作技艺；有被誉为"珍贵的民族剧种"，至今仍保留着早期清戏原始古朴特色的佤族清戏；有扎根于傣族文化传统、四百年世代相传的史诗《神蜘蛛》；有"白如蛋清，黑如鸭青"的永子工艺品；有应用于祭祀、赕佛、丧葬、喜庆及居家装饰的傣族剪纸技艺；有腾冲民间喜闻乐见、流传久远的传统艺术腾冲皮影；有源自阿昌族民间传说，古老的传统舞蹈——阿昌族舞蹈蹬窝罗；有集祭祀、杂耍、歌舞、商贸为一体的大型民间聚会——施甸龙会；还有"串姑娘"的阿昌族传统婚俗、色彩斑斓的傈僳族服饰……

悠久的历史、厚重的文化彰显出保山的新魅力。保山各族人民在长期的劳动生产中创造了极为丰富的、具有浓郁特色的民族文化，为我们留下了宝贵的文化遗产，请跟随我们的脚步，一起来探秘独特的保山非遗文化吧！

三、非物质文化遗产项目介绍

1. 阿昌族传统婚俗

云南省第四批省级非物质文化遗产名录

申报县区及单位：云南省保山市龙陵县文化馆

阿昌族青年将谈恋爱叫作"串姑娘"，对山歌谈恋爱，过关卡娶新娘。阿昌族的小伙子和姑娘大多是在赶街和节日里互相认识的，首先通过互通姓名确定是不是同一个姓，因为阿昌族严禁同姓通婚，确定了后即开始对答。女方对男方满意的话就让小伙子吹着葫芦箫跟在姑娘后边，边吹箫边同姑娘回家去。到了晚上来姑娘家串门，并有偷鸡头、藏鸡头等习俗。两者感情经过一段时间稳定后，可向双方父母禀告，家人同意后有"提亲抢亲""抬锅盖"的习俗（图6-1）。

图6-1　阿昌族传统婚俗

2. 阿昌族舞蹈蹬窝罗

云南省第一批省级非物质文化遗产名录

申报县区及单位：德宏傣族景颇族自治州梁河县、保山市龙陵县

　　舞蹈"蹬窝罗"主要流传于德宏傣族景颇族自治州梁河县的关璋、弄丘、弄别、丙界、永合、横格、勐科、别董、弯中、英茂等阿昌族村寨及保山地区腾冲县新华乡的梅子坪、中心大坡等地。阿昌族蹬窝罗是古老的传统舞蹈，源自阿昌族民间传说：天神遮米麻、遮帕玛创造了人类，为使人类生存下来，多次战胜恶魔，并将生产生活方式传给百姓，尔后返回天庭。人们无法随去，只好仰面向天，举手踏足，祈求大神不断降福人间，并将天神传下的生产生活方式反复吟唱，久而久之，便形成了阿昌族舞蹈蹬窝罗。人们在每年农历正月初四日的"窝罗节"活动中跳蹬窝罗，人数不限，男女老少均可参加，围成圆圈，由一个能歌善舞的"烧干"（艺人）领头，众人尾随其后，逆时针方向而舞，并有人扮的狮子、老虎、水牛等伴随（图6-2）。

图6-2　阿昌族舞蹈蹬窝罗

现在，阿昌族人民已不限于在窝罗节时跳蹬窝罗，凡讨亲嫁女、起房盖屋甚至丧葬白事都会跳。只要听到"烧干"跳蹬窝罗的喊声，人们便很快聚集到广场、屋前及室内共同起舞，也借以教育子孙后代牢记先辈的恩德，老老实实地做人。

3. 傣族剪纸技艺（龙陵）

云南省保山市市级非物质文化遗产名录

申报县区及单位：云南省保山市龙陵县文化馆

傣族剪纸是一种传统美术，产于云南傣族地区，最早见于一千五百年前，主要流行于云南省德宏傣族景颇族自治州芒市，在保山市龙陵县勐糯镇被列为市级非物质文化遗产项目。傣族剪纸有鲜明的民族色彩，不同地区略有差别。其最早形式源于傣族祭祀仪式所用的纸幡，后来在佛教文化和中原文化的影响下逐步充实发展，形成完善的剪纸技艺并被广泛应用于祭祀、赕佛、丧葬、喜庆及居家装饰等方面。常见图形既有龙凤、孔雀、大象、狮子、麒麟、马鹿、骏马、游鱼及各种奇鸟异兽，又有荷花、玫瑰花、菊花、茶花、杜鹃等花木，还有亭台楼阁、佛塔寺庙等建筑，形象生动、图案整齐、匀称美观，风格粗犷有力、朴实无华。也有以佛经故事、民间传说等故事内容以扁条形构图呈现故事情节，以概括手法和简洁的刻工描绘人物的剪纸（图6-3）。

图6-3 傣族剪纸

4. 德昂族民歌

云南省保山市第一批市级非物质文化遗产名录

申报县区及单位：云南省保山市隆阳区

德昂族民歌是指中国少数民族——德昂族的民间歌曲，主要有山野间唱的歌、情歌、婚嫁歌等类型。德昂族主要聚居在云南省德宏傣族景颇族自治州各县，其余散居于保山、龙陵、镇康等县。多数分布于山区，与景颇族、傈僳族、汉族、佤族等民族交错聚居；少数住坝区，与傣族为邻。德昂语属南亚语系孟高棉语族佤德语支。德昂族有自己的语言，无本民族的文字，通用傣语文、汉语文。此外，还有老年人求神赕佛对唱的"格厄不勒"（意为做功德歌）以及哄娃娃调等（图6-4）。

（a）德昂族民歌吹奏

（b）德昂族民歌乐谱

图6-4　德昂族民歌吹奏及乐谱

5. 嘟哒哒

云南省第二批省级非物质文化遗产名录

申报县区及单位：云南省保山市龙陵县文化馆

"嘟哒哒"为一种用棕叶编成的竞技器材，"嘟"是"抛起"，"哒"是"接住"，是黄连河及附近的傈僳族男女老幼都爱玩的传统体育项目。具体的起源时间已无法考证，相传是由傈僳族姐妹在打猪草时发明的。傈僳人把制作"嘟哒哒"草球的叶片叫"嘟哒萍"，汉语叫猪鬃草。"嘟哒哒"草球的制作简单易学，用十几片草叶根部交叉折叠，编成每方约6厘米的四方块，留下草须。再用一部分草叶裹成比拳头稍小的草球，放在编好的草板上，把四方块上的草须从四边收拢，包住草球、捆紧，留下其余草须，撕成细条，整个草球便制作完成。玩时极少受时间、场地的限制，可两人对打，双人对打，男女多人对打。由1人左手提草须，右手往高处抬击球板，越高越好，接球人用单手或双手掌心往高处抬击草球，高处不限，任何一方不许扣杀，球落地或打在人体的其他部位为输（图6-5）。

图6-5　嘟哒哒草球

6. 傈僳族服饰

云南省第一批省级非物质文化遗产名录

申报县区及单位：云南省保山市龙陵县文化馆

傈僳族服饰工艺复杂，色彩斑斓，女子服饰有"红花画眉衣"，主要有包头、银须项圈、串珠珠。"画眉衣"，由外托肩上衣、飘带裙、大裆裤、漆箍、吊筒、竹麻草鞋等组成；男子服饰"喜鹊衣"，包头似喜鹊嘴，配之白长衫、披褂、及膝短裤及棉线绣花边裤脚。保山傈僳族男性，因为社会角色的关系，服饰的款式比较简便，讲究实用、便捷，而女性服饰则款式和花色较为丰富，其服饰物种类多，装饰也繁复细密一些；男性衣着显得素雅、沉着，以显示英武、勤劳、力量为宗旨，讲究阳刚之气；而女性打扮突出、明快、清丽，以显示女性的聪慧、灵巧、勤劳的基本格调，表现出柔和、温馨之美。这些民族服饰不同款式的美，都是傈僳族审美观念的物化，是傈僳族人们审美情趣的张扬（图6-6）。

图6-6 傈僳族服饰

7. 苗族服饰（昌宁苗族服饰）

第一批国家级非物质文化遗产名录

申报县区及单位：云南省保山市昌宁县文化馆

昌宁苗族服饰流传于云南省保山市昌宁县街乡的苗族村寨，其原料主要为当地生产的火麻土布。当地苗族人民将火麻剥出的麻丝用手摇机纺成线，再用土布机织成火麻土布。苗族妇女们根据自己的爱好和想象在麻布缝制成的衣裙上绣出各种图案，抒写出自己的梦想与渴望。一套完整的苗族妇女盛装包括包头、上衣、披肩、围腰、腰带、短褶裙等大小十八件套，被形象地称作"十八一朵花"。用色大胆是昌宁苗族服饰的显著特点，其色调以红、黄、橙、白为主，并以刺绣取胜。该服饰集中反映了苗族人的价值观和审美意识（图6-7）。

图6-7　苗族服饰

8. 苗族芦笙舞

云南省保山市第五批市级非物质文化遗产名录

申报县区及单位：云南省保山市昌宁县文化馆

芦笙舞，又名"踩芦笙""踩歌堂"等，因用芦笙为舞蹈伴奏和自吹自舞而得名。它流行于贵州、广西、湖南、云南等地的苗族、侗族、布依族、水族、仡佬族、壮族、瑶族等民族聚居区，是南方少数民族最喜爱、分布最广泛的一种民间舞蹈。从已出土的西汉铜芦笙乐舞俑分析，芦笙舞至少已有两千多年的历史。芦笙舞大多在年节、集会、庆贺等喜庆时刻表演，主要有自娱、竞技、礼仪三种类型。传说盘古开天地之时，大地一片荒凉。那时，苗族祖先是靠狩猎飞禽走兽作衣食的，为了解决捕获鸟兽的困难，一个心灵手巧的小伙子在林中砍下树木和竹子，做了支芦笙模仿鸟兽的鸣叫和动作，吹跳起来以引诱各类鸟兽。从此，人们每出猎均有所获，于是芦笙舞就成了生活的必需而世代相传。

芦笙舞的类型具体分为三种：第一种是群众性芦笙舞，苗语叫"究给"；第二种是表演性芦笙舞，苗语叫"丢捞比给"，这种芦笙舞是男子竞技性的舞蹈；第三种是风俗性芦笙舞，这是男女青年表达爱情的一种舞蹈（图6-8）。

图6-8　苗族芦笙舞

9. 施甸龙会

云南省保山市第四批市级非物质文化遗产名录
申报县区及单位：云南省保山市施甸县文化馆

施甸从明代至今一直保留着祭龙耍龙的民间习俗，形成了集祭祀、杂耍、歌舞、商贸为一体的大型民间聚会，称为"施甸龙会"。施甸龙会最负盛名的是东山寺"三沟头龙会"与太平"羊皮会"。"三沟头龙会"源于保场菠萝村，水源分三条沟渠流入18个寨子，人们的饮用水全靠它。为了感恩，每个村寨都扎一条龙，2月18日这天，人们把18条龙都聚集到三沟头，耍龙祈求风调雨顺，后来便自然地形成了"三沟头龙会"。耍龙、舞狮、高跷、武术、旱船、花灯等表演形式呈现，内容丰富，偏重民间娱乐和商业贸易。施甸龙会是前人遗留下来的一笔巨大而宝贵的历史文化财富。从它诞生之日起，经过历朝历代民间大师和民众的不断积淀，已成为风格独特、影响广泛、历史悠久，集民俗、宗教、经济、文化诸多元素相融合的民间盛会（图6-9）。

图6-9 施甸龙会

10. 史诗《神蜘蛛》

云南省第三批省级非物质文化遗产名录
申报县区及单位：云南省保山市昌宁县文化馆

《神蜘蛛》是傣族史诗将明朝驻扎云南的将军邓子龙"神化"的产物。《神蜘蛛》叙述了明朝万历年间，缅甸洞吾王朝勾结云南陇川岳凤、耿马土司、湾甸土司为内应，起象兵十万，五路进犯滇西，企图将云南部分领土从中国分裂出去，当时大理、昆明告急，"神蜘蛛"转世的邓子龙临危受命，在姚关大破象阵，斩杀湾甸土司，后设伏，大破湾甸，再直捣耿马三尖山，三战三捷，收复"三宣六慰"。全诗约六万行。《神蜘蛛》扎根傣族传统文化，四百年世代相传，有鲜明特色，体现了傣族诗的高超水平，是民族团结的纽带，有利于边境稳定，国家统一（图6-10）。

图6-10 史诗《神蜘蛛》

11. 腾冲唱书

云南省保山市第四批市级非物质文化遗产名录

申报县区及单位：云南省保山市腾冲市文化馆

唱书是一种曲艺，是在吟诵书文的基础上衍变发展而来，二百多年前就已在云南广泛流行。唱书是坐唱曲艺，以唱为主，间有极少说白，传统的唱书由一人讲唱，不用乐器伴奏。唱书人都是业余爱好，只要会谈唱本，能唱唱腔即可演唱，应邀唱书者概不收报酬，但主事人需备茶水款待。传统曲目有《柳荫记》《蟒蛇记》《鹦哥记》《罗衫记》《香山记》《目莲救母》等三十余种。唱词有七字句、十字句两种，为二二三或三三四两类音节，四句为一段，有时也把两种句式混合在一段中使用。按传统风俗，无论婚丧嫁娶或喜庆节日均可演唱，但唱腔运用区分严格（图6-11）。

图6-11　腾冲唱书

12. 腾冲皮影戏

第三批国家级非物质文化遗产名录

申报县区及单位：云南省保山市腾冲市文化馆

腾冲皮影是一种云南腾冲民间喜闻乐见、流传久远的传统艺术形式。明洪武年间从湖广、四川一带传入，主要流传于云南省腾冲县一带，当地称"灯影子""皮人戏"，后来还有人叫它"土电影"。影人多以牛皮制成，形体较大，高约50厘米，造型朴实，圆线用得多。腾冲皮影戏至今有六七百年历史，分为"西腔"和"东腔"两大流派。东腔皮影主要服务于云南省腾冲县境东南部和城区坝子。东腔以图像高大、旋律优雅、气氛庄重闻名；西腔以图像精巧、节奏明快、情绪昂扬著称（图6-12）。

图6-12　腾冲皮影

13. 佤族清戏

第二批国家级非物质文化遗产名录
申报县区及单位：云南省保山市腾冲市文化馆

明末清初，湖北人基于古老的青阳腔，创造出了一种新的戏曲，被称为清戏，又称湖北高腔。清代咸丰年间清戏传入云南腾冲。清戏是腾冲唯一被列入中国少数民族剧种的地方戏剧，至今仍保留着早期清戏原始古朴的特色。其剧目故事感人，情节生动，文辞优美，人物性格鲜明；曲调抑扬顿挫，悦耳动听，既善叙事，又善抒情，具有较强的艺术表现力和感染力，被誉为"珍贵的民族剧种"（图6-13）。

图6-13　佤族清戏表演

14. 乌铜走银制作技艺

云南省第一批省级非物质文化遗产名录扩展项目

申报县区及单位：云南省保山市隆阳区文化馆

据史料记载，乌铜走银制作技艺始创于清雍正年间，至今约有三百年历史。乌铜走银曾与北京景泰蓝齐名，并称"南北铜艺双绝"。乌铜走银制作技艺工序繁杂，一般要经过炼制乌铜、打坯、刻图案、走银、成型、抛光、焐黑等近二十道工序，最终形成一件乌铜走银。它以合金铜为胎，在胎的表面先镂刻出精美的纹饰图案，然后将熔化了的银流入阴刻的纹饰内，冷却后打磨抛光，再经过特殊氧化处理——手焐，铜色变得乌黑发亮，反衬出精细的银纹图案，呈现出黑白分明的装饰效果，器物显得雍容华贵、典雅别致（图6-14）。

图6-14　乌铜走银器物

15. 云南围棋子（永子）制作技艺

第五批国家级非物质文化遗产名录

申报县区及单位：云南省保山市隆阳区文化馆

"永子"又名"永棋"，是以保山特有的南红玛瑙、黄龙玉、翡翠和琥珀等天然原料，采用李氏家传秘方和绝技熔炼、传统手工点"丹"而成。棋子质地细糯如玉又异常坚硬，犹如天然玉石磨制而成。黑子黑如鸦青，无任何杂色，对光照视，透碧玉之泽，边闪翠环，宛如清潭秋水；白子白如蛋清，对光照视，呈象牙之色，温润如羊脂美玉，细腻如婴儿之颊肤，是古往今来举世公认的棋中圣品。2014年，永子制作技艺正式列入云南省非物质文化遗产名录，先后到欧洲、东盟以及美国、日本、韩国等国家和地区进行交流展示，受到海内外围棋界大师们的推崇（图6-15）。

图6-15　云南围棋子（永子）

四、拓展链接

邓子龙，中国明朝名将，字武桥，江西丰城人，善骑射，明韬略。明朝嘉靖三十七年（1558年)中武举后，转战今福建、广东等沿海抗倭战场，由小旗升至把总。万历十一年(1583年)，任永昌卫(今云南保山)参将，因治理和守卫云南边境有功，升副总兵。

万历十一年（1583年）二月，缅甸军队侵犯云南，万历皇帝派邓子龙任永昌参将驻守永昌。时缅甸首领莽应里勾结湾甸土知州景宗真兄弟四处劫掠，并用凶猛的战象攻打姚关。邓子龙率领军队毫无畏惧，与缅甸军队展开激烈战斗。邓子龙驻守云南长达十二年，在云南边境指挥了多次御敌战斗，屡次击败外敌入侵，使侵略者不敢再越边境一步，为巩固边疆国土安全做出了重要贡献。在古永昌（今云南保山）一带，邓子龙的传说也在一代一代传诵着，人们无比敬仰这位精忠报国的民族英雄。

邓子龙作为保山市的爱国名将，留存民间的传说很多。邓子龙的传说在2007年4月列入保山市第一批市级非物质文化遗产名录。

五、实践训练

1. 想一想

（1）阿昌族婚俗具有明显的地域特色，阿昌族婚俗的主要民俗有什么？

（2）阿昌族一般在什么时候跳起舞蹈"蹬窝罗"？

（3）傣族剪纸相比于中国其他地域的剪纸艺术，其主要图形纹样有何不同？

（4）傈僳族服饰工艺复杂，女子服饰和男子服饰的特点分别是什么？

（5）苗族的芦笙舞由哪三种类型组成？

（6）请简述施甸龙会的起源和主要活动。

（7）请叙述傣族的民族史诗《神蜘蛛》的来历和主要内容。

（8）中国皮影戏是中国的世界级非物质文化遗产项目，腾冲皮影戏的特点是什么？查阅资料，简述中国各地皮影的艺术特色。

（9）佤族清戏是腾冲唯一被列入中国少数民族剧种的地方戏剧，请问该戏剧对腾冲本地文化发展有着怎样的影响？

（10）乌铜走银制作技艺的主要工艺是什么？

（11）云南围棋子（永子）制作的主要原料是什么？

2. 练一练

（1）中国剪纸是中国又一项列入世界级非物质文化遗产名录的项目，其流传地域广泛，结合民俗节气，动手剪一幅中国剪纸。

（2）试着动手编制一个"嘟哒哒"草球。

（3）请在课后查阅资料，了解苗族服饰的图案与纹样特点，并创意设计出与现代审美相连接的服饰图案。

模块三
海外区域非物质文化遗产

项目七　海外篇

一、案例导入

西汉扬雄《蜀都赋》曾称颂"蜀锦鲜艳华丽，品种繁多，发文扬采，转代无穷"。还称，蜀地"黄润细布，一筒数金"，意思是蜀地的丝绸以黄色的品质尤佳。印度考古学家乔希指出："古梵文文献中印度教大神都喜欢穿中国丝绸，湿婆神尤其喜欢黄色蚕茧的丝织品。"这种黄色的丝织品，应该就是扬雄所说的"黄润细布"。从印度古文献来看，湿婆神的出现时间至少在中国的商代。这说明，中国在商代就同印度有丝绸贸易关系。

《史记》明确地记载了中国、印度、阿富汗的经济文化交流。《三国志》裴松之注引三国时人鱼豢的《魏略·西戎传》里，也提到罗马帝国"有水通益州（四川）"。1936年，更是在阿富汗喀布尔以北考古发掘出许多中国丝绸，这些出土的丝绸就很有可能是从我国四川成都途经我国云南以及缅甸、印度和巴基斯坦等国家和地区运到印巴次大陆，然后转手到达中亚的。《史记》中多次提到"蜀布"等"蜀物"，由蜀人商贾长途贩运到印度出售，再转口贸易到中亚、西亚和欧洲地中海地区。由此可见，"南方丝绸之路"出我国云南后历经多个国家和地区，这些国家至今都保存了许多富有中国文化气息的产物，也有一些以中国元素为蓝图再加入本土文化而沿用至今的习俗。

二、内容提要

经中国云南至缅甸、印度并进一步通往中亚、西亚和欧洲地中海地区的"蜀身毒道"，是久负盛名的"南方丝绸之路"的西线。缅甸位于中国和印度两个亚洲大国之间，是我国西南通往东南亚各国的桥梁，也是将中华古文明与世界古文明紧密联系起来的国际交通线。缅甸作为南方丝绸之路上重要的贸易中心和商业枢纽，在这条古代交通要道的中外经济文化交流中占据了十分重要的地位。缅甸作为一个多民族的国家，深受佛教文化影响，各民族文化在长期融合与发展中，留下了丰富多彩、绚丽斑斓的非遗文化。

　　印度是多民族国家，是一个文化的大熔炉，独特的历史背景使之从远古到现代、从西方到东方、从亚洲到欧洲等多种文化交融，本身就是一个大的文化博物馆。作为世界四大文明古国之一，古印度的人们创造了光辉灿烂的古印度文明，为世界留下了独特风格的文化遗产。

三、非物质文化遗产项目介绍

　　从缅甸和印度选取了具有代表性的3个世界级非物质文化遗产进行介绍。

1. 卡拉里帕亚特武术

世界级非物质文化遗产名录

　　卡拉里帕亚特（Kalarippayattu），又称印度战舞，是一种源自印度南部省份喀拉拉邦的达罗毗荼人武术，是一门仍然流传于世的南印度古老武术体系。中国武术家重视武德，印度武术也是一样，卡拉里帕亚特的古鲁卡尔（Gurukkal，即师父）会对其弟子进行道德教化，这是学武不可或缺的条件。使用此武术的人要有非常柔软的身体，主要是针对敌人攻击，以柔软的身体去钻过敌人的漏洞，并且制服敌人。其传承有两千多年的悠久历史，事实上卡拉里帕亚特也属于一种修行方式，并且与瑜伽、阿育吠陀有关联（图7-1、图7-2）。

图7-1　卡拉里帕亚特武术（1）

图7-2 卡拉里帕亚特武术（2）

2. 卡塔卡利舞

世界级非物质文化遗产名录

卡塔卡利舞也叫莫赫尼亚特姆舞，是印度古典四大舞派之一，其产生和发展延续了印度古代梵剧的形式和风格，是目前印度古典舞蹈中唯一还保持用梵文演唱的剧种。它是一种以戏剧性的演技、丰富的表情、激烈的舞蹈动作和浓重的宗教情绪为主要特征的舞剧。它起源于喀拉拉邦，是集舞蹈、戏剧、哑剧、文学于一身，媲美西方芭蕾的舞剧，卡塔卡利的重要特点是它强烈的戏剧性。表演者会运用24个基本手势和眼、眉、嘴、脸颊、颈等面部动作，构成一整套的示意动作，它们是剧情和人物感情交流的重要手段（图7-3）。

图7-3 卡塔卡利舞

3. 缅甸编鼓（围鼓）演奏 Hsaing-waing of Myanmar

编鼓是缅甸的传统打击乐器，亦称围鼓。由17～21个双面鼓组成，由小到大排列悬挂于一个环形的木框架上。鼓形细长，蒙以牛皮或羊皮，鼓面上用大米饭和树木灰混合物黏糊以调节音高和音色。演奏者坐在鼓中间，用手指敲击鼓面。小型鼓用食指，大型鼓用除拇指外的其他4指击奏。它是缅甸大型乐队中的指挥，也是演奏旋律的主要乐器，常用于独奏或乐队中的领奏。编鼓演奏艺术是缅甸的国家级非物质文化遗产（图7-4）。

图7-4 编鼓

四、拓展链接

"斯贝克—托姆"（Sbek Thom）是柬埔寨的一种以采用整张皮革制作皮影道具为特征的皮影戏。皮影戏台上的傀儡约两米高，由透孔皮革制成。远在吴哥时期之前，"斯贝克—托姆"皮影戏与皇家舞剧、化装舞剧同被认为是神圣的表演。皮影戏表演只在一些特殊时刻举行，一年表演三四次，例如，国王生日或敬奉名人。在20世纪吴哥王朝衰败后，皮影戏的地位也随之削弱，演化为一种保留着仪式规范的艺术形式。

表演仪式中每个角色的傀儡都由不同整片皮革制作而成。例如，湿婆与毗湿奴，采用意外或自然死亡的母牛皮，在履行特殊仪式后一天内制作而成。牛皮先用Kandaol（树名）树皮溶液染色后晒制，再由工匠们将想要的形象画在晒制后的牛皮上，将它剪出、上色，然后系到两根竹棍上。

依照传统习惯，表演一般都是在夜晚举行，地点通常是在户外的谷场或宝塔旁边。两根高大竹板间撑起大白幕布，幕布后面安置一大堆篝火或照明灯。傀儡的影像投影后，如同白色屏幕上的中国皮影。表演由一个乐队伴奏，并伴有两个讲述人，操纵者根据表演内容对傀儡进行精确操控，傀儡动作丰富，像是被赋予了生命。据柬埔寨语译本的《罗摩衍那》记载，表演可能持续几个晚上，每场表演多达160件傀儡。

"斯贝克—托姆"2008年入选世界级非物质文化遗产。

五、实践训练

1. 想一想

（1）请查阅资料，简述中国武术与卡拉里帕亚特武术之间的异同。

（2）可以媲美于西方芭蕾的舞剧的印度的卡塔卡利舞蹈，其艺术特色是什么？

（3）缅甸编鼓（围鼓）演奏时是如何调节音高和音色的？

2. 练一练

请查阅相关资料，看一看国外有哪些非遗项目和我们国家的非遗项目有异曲同工之妙，想一想为什么。

参考文献

［1］宋志辉，蒋真明，张齐美晨. 南方丝绸之路经济带建设及其与"一带一路"的关系［J］. 南亚研究季刊，2016，（04）：86–92+113.

［2］黄俊棚，龚伟. 论南方丝绸之路与茶马古道的关系——以"邛人故地"为中心［J］. 中华文化论坛，2017，（05）：31–39.

［3］宋志辉. 南方丝绸之路经济带与"一带一路"的关系［J］. 一带一路报道，2017，（03）：72–75.

［4］杨昌明. 论蜀绣文化的几个特点［J］. 文史杂志，2013，（02）：6–9.

［5］宋志辉. 南方丝绸之路经济带对西部边疆安全的意义［J］. 西部发展研究，2015–12–31.

［6］宋志辉. 南方丝绸之路经济带建设研究［J］. 学术论文联合比对库，2017–12–19.

［7］郑莹莹. "印度掠影"成都站系列活动推动两地交流合作进入新阶段［N］. 成都日报，2014–05–16.

［8］宋志辉，马春燕. 试析南方丝绸之路在中印关系中的作用［J］. 南亚研究季刊，2012，（02）：74–78+112.

［9］杨利君. 浅谈非物质文化遗产项目——蜀绣的传承与保护［J］. 青春岁月，2011，（24）：13.

［10］陈通泉，黄永建. 成都文化［J］. 中国集体经济，2014–06–15.

［11］平安，赵敏. 中国名绣之苏绣和蜀绣［J］. 环球市场信息导报，2014，（32）：92–95.

［12］赵敏. 东方明珠——四大名绣之蜀绣［J］. 艺术市场，2007，（07）：76–77.

［13］朱华. 蜀绣文化探讨［J］. 四川丝绸，2008，（04）：44–47.

［14］张琰，甘森. 蜀绣——活色生香可夺真［J］. 西部广播电视，2009，（04）：154–159.